UTE PFEIFFER

Mein Gott, Kirche!

ISBN: 978-3-550-08168-2

© der deutschsprachigen Ausgabe
Ullstein Buchverlage GmbH, Berlin 2017
Alle Rechte vorbehalten
Gesetzt aus der Scala
Satz: L42 AG, Berlin
Druck und Bindearbeiten: CPI books GmbH, Leck
Printed in Germany

UTE PFEIFFER

MEIN GOTT, KIRCHE!

Warum sie wieder für **UNS** da sein muss

INHALT

ZUM WARMWERDEN

Vor einigen Monaten hörte ich bei einer Fernseh-Umfrage zum Reformationsjubiläum eine Frau sagen: »Die evangelische Kirche? Ja, die hatte früher einmal Bedeutung, aber heute ist sie doch ein absolutes Auslaufmodell.« Mit welcher Selbstverständlichkeit diese circa vierzigjährige Dame, die einen christlichen Hintergrund hatte, ihre Aussage machte, hat mich schier umgehauen. Da war kein Zweifel, kein Groll, kein Bedauern – nur eine ganz sachliche Feststellung: »Die Kirche der Reformation ist mit ihrer Lehre und ihren Angeboten nicht mehr bedeutsam und zeitgemäß, sie ist out.«

Ich sehe das in vielen Punkten anders. Doch eins gleich vorneweg: Sie halten hier bestimmt keine Verteidigungsrede einer evangelischen Pfarrerin für ihren Arbeitgeber in der Hand, genauso wenig eine Anklageschrift gegen die heutige protestantische Kirche. Vielmehr hatte ich das Bedürfnis, ein ganz bodenständiges Buch aus dem pastoralen Alltag zu schreiben, aus dem »richtigen Leben« sozusagen. Deshalb habe ich die Ärmel hochgekrempelt und die Kanzel einige Monate lang gegen den Laptop eingetauscht.

Nein, die evangelische Kirche hat ihre Bedeutung sicher noch nicht ganz verloren. Es gibt viel mehr Miteinander zwischen ihr und der Gesellschaft da draußen, als es auf den ersten Blick scheint.

Dass genau dieses Miteinander aber in der ganz persönlichen Erfahrung vieler Menschen mit der Kirche eben nicht da ist, ihr Lebensnähe und Offenheit oftmals fehlt, ist ebenfalls eine Tatsache, der sich die Protestanten viel intensiver stellen müssen.

Die Kirche, das ist in den täglichen Lebensvollzügen nicht die Institution, sondern eine konkrete christliche Person. Und die Welt, mit der sie in Kontakt tritt, das ist genauso immer ein konkreter Mensch innerhalb der Gesellschaft.

Ich erzähle in diesem Buch von solchen »konkreten« Menschen – von Jungen und Alten, von Etablierten und an den Rand Gedrängten, von Gläubigen und Nicht-Gläubigen. Einigen von ihnen bin ich in Kirchsälen begegnet, mit anderen bin ich anderswo in Berührung gekommen, in den verschiedensten Situationen. Da war zum Beispiel Karin, die ich kennenlernte, weil sie mich um eine Zigarette bat. Die mir später im Supermarkt an der Käsetheke von ihrem Frust erzählte, ohne zu wissen, dass ich von der Kirche bin. Was geschah, als sie es dann erfuhr, ist wirklich spannend. Ich erzähle auch von meiner Begegnung mit dem alten Herrn Naumann, bei dessen Frau sie die Geräte abschalten wollten. Und von Willi, der sich schrecklich schuldig fühlte, weil er etwas »Schlimmes« getan hatte – und von weiteren tollen Leuten.

Meine Protagonisten, deren Identität ich natürlich geschützt habe, zeigen eine Bandbreite ganz normaler Lebenssituationen. Einige meiner Gesprächspartner kann man getrost als »kirchendistanziert« bezeichnen, manche als »vorsichtig interessiert«. Andere wiederum sind Mitglieder der evangelischen Kirche oder haben zumindest früher einmal dazu gehört. Gemeinsam war den meisten von ihnen: Als ich sie traf, geschah gerade etwas Grundlegendes in ihrem Leben, das sie tief bewegte. Bei den Meiers war es ihre Scheidung, bei Alma Schmidt die Krankheit und bei Andreas und Heike die Menge an Flüchtlingen in unserem Land.

Ich möchte anhand dieser Beispiele darstellen, wie sich die

Begegnung zwischen »Kirche« und »Welt« im Alltag real abspielen kann; und ich will deutlich machen, dass sich Menschen von der Kirche durchaus noch etwas wünschen und sich auch noch auf sie einlassen wollen. Vorausgesetzt, sie kommt ihnen entgegen, heißt sie mit ihren Anliegen wirklich willkommen – und ändert endlich manche dem Leben nicht mehr angemessene Regelung, und zwar trotz Autonomie der Landeskirchen. Es geht doch nicht an, um ein aktuelles Beispiel zu nennen, dass ein schwules Paar sich in einigen unserer Landeskirchen genauso kirchlich trauen lassen kann wie Mann und Frau, in vielen anderen aber nicht in gleicher Weise.

Natürlich habe ich auch nicht den Stein der Weisen gefunden, wie die evangelische Kirche als Ganze wieder bedeutsamer werden kann. Aber ich stelle in diesem Buch einige Ideen vor, wie die Kirche im Leben partnerschaftlicher dabei sein könnte, und zwar ganz konkret. Es sind nicht teure wohlklingende Programme, mit der sie das am besten erreichen kann, sondern es ist ganz schlicht eine »Bewegung«: Die Bewegung von christlichen Leuten aus der Kirchentür heraus, in Richtung der Menschen, die »da draußen« im Stadtteil, im Dorf oder auf der Insel zu finden sind.

Ich möchte Sie, liebe Leserinnen und Leser, mit diesem Buch einladen, der Kirche nicht aus Wut oder Enttäuschung den Rücken zuzudrehen, sondern sich mit ihr auseinanderzusetzen – und sie zu fordern.

Und denjenigen, die sich in den vielen evangelischen Gemeinden und Werken engagieren, möchte ich mit diesem Buch Lust machen, öfter mal »outdoor« zu gehen; sich selbst unters Volk zu mischen und den Menschen im Viertel zu zeigen, dass die Kirche ein »Teil von's Janze« sein will und sein kann. So, jetzt wünsche ich Ihnen viel Freude beim Lesen meines Erstlingswerkes. Und danke, dass Sie mein Buch gekauft haben!

PFARRERIN-SEIN, WAS HEISST DAS EIGENTLICH FÜR MICH?

Wie ich zweimal ordiniert wurde

Als mich mein beruflicher Weg zum ersten Mal in die Kirche führte, war die Mauer gerade gefallen. Nach einer Zeit des ehrenamtlichen Engagements in einer evangelischen Freikirche bekam ich das Angebot, dort Pastorin zu werden. Ich auf der Kanzel – das konnte ich mir zunächst nicht wirklich vorstellen. Ich wollte aber auch nicht kategorisch Nein sagen. Also nahm ich mir ein Jahr Zeit, um herauszufinden, ob das Ganze vielleicht doch das Richtige für mich sein könnte. Etwas frommer formuliert: Ich wollte mir klar werden, ob ich eine »Berufung« für den kirchlichen Dienst habe.

Ich machte ein bezahltes Langzeit-Praktikum und lief an der Seite eines erfahrenen Geistlichen mit. Das war sehr spannend. Ich lernte sozusagen »on the job«, was Pastorin-Sein in dieser Freikirche alles bedeuten würde. Ich erfuhr, wie vielseitig dieser Beruf ist, denn kein Tag war wie der andere. Ich lernte auch neue Seiten an mir selbst kennen, zum Beispiel, wie viel Freude mir Begegnungen mit Menschen machen, sowohl innerhalb als auch außerhalb des Kirchenraumes. Ich merkte aber auch ziemlich schnell, wie sehr dieses Amt an den eigenen Kräften und Ressourcen zehrt. Das gefiel mir weniger. Als mir dann noch ein alter Geistlicher erklärte, dass ein Pastor wie eine Kerze sei, die den anderen Licht und Wärme spende, sich selbst aber dabei - verzehre, kriegte ich es sogar mit der Angst zu tun.

In der Findungsphase hatte ich mir ein Bild machen können. Ich wusste ungefähr, was mich erwarten würde. Ich hatte auch verstanden, dass eine theologische Ausbildung für den pastoralen Dienst zwar unerlässlich ist, dass es aber im Dienst in erster Linie darauf ankommt, als Pastorin eine authentische Seelsorgerin zu sein, die ihren Gegenübern zugewandt und offen begegnet. Und auf ein lebensnahes Predigen, das nicht über den Köpfen der Zuhörer schwebt, sondern sie erreicht. Letzteres traute ich mir schon damals zu. Nicht zuletzt deshalb und aufgrund meines Glaubens entschied ich mich letztendlich, in den sogenannten hauptamtlichen kirchlichen Dienst zu gehen.

Eine Voraussetzung, um überhaupt Pastorin dieser Freikirche werden zu können, war eine bereits abgeschlossene andere Ausbildung oder zumindest einige Zeit im Arbeitsleben. Es war den kirchlichen Verantwortlichen wichtig, dass niemand »frisch« von der Schule kam, sondern dass alle schon Lebenserfahrung gesammelt hatten, bevor ihr Weg ins Pastorenamt führte. Zunächst hatte mich das etwas befremdet, auch wenn ich diese Voraussetzung erfüllen konnte. Ich war ja schon Diplom-Rechtspflegerin geworden und hatte in diesem Beruf auch einige Jahre gearbeitet. Mit der Zeit erkannte ich die Weisheit einer solchen Regelung. Denn nach der Schulzeit erst einmal zu lernen, was es heißt, im Leben selbständig Fuß zu fassen, ist später ungemein hilfreich, wenn man als Pastor oder Pastorin mit anderen Menschen zu tun hat. Dazu kommt, dass es in manchen Gemeinden durchaus Vorbehalte gegen blutjunge Pfarrer gibt, weil sie bisher ja nur Schule und Elternhaus kennengelernt und vom Leben noch keine Ahnung haben.

Die Freikirche, bei der ich meine ersten Schritte machte, war (und ist) aufgrund ihres Bibelverständnisses und ihrer Historie sehr auf die Mission, die Diakonie und die Gemeindearbeit ausgerichtet. Die Ausbildung der Pastorinnen und Pastoren war sehr praxisorientiert und beinhaltete neben wissenschaftlichen Seminaren auch viele Übungen in Gemeinden, auf öffentlichen Plätzen und auch innerhalb der Gruppe der Anwärter. Alle begannen zum Beispiel schon sehr früh zu predigen. Oder auch musikalisch zu arbeiten.

Ich kann mich noch gut an manchen praktischen Einsatz erinnern, den wir damals in Berliner Stadtteilen gemacht haben. Einmal führten wir im Sommer eine Art christliche Muppet-Show auf dem Spielplatz auf. Ein anderes Mal hatten wir einen richtigen Zirkus mit verschiedenen Attraktionen im Angebot. Ich war der Clown Bruno, der zur Freude aller den dummen und tolpatschigen Anti-Helden gab. So etwas machte mir noch nie etwas aus, jedenfalls vor Kindern nicht. Was ich allerdings schon als Praktikantin nicht mochte, war das »Fromme Lieder Singen« in irgendeiner Einkaufsstraße, am besten noch am Samstagnachmittag. Das war mir einfach nichts, auch wenn ich gut singen konnte. Ich hatte immer das Gefühl, dass die Leute uns ganz komisch anschauten, als kämen wir von irgendeiner Sekte.

Ganz anders ging es mir dagegen, als ich später als fertige Pastorin mit Gemeindeleuten zusammen einige Gottesdienste an belebten Plätzen hielt, zum Beispiel kurz nach der Wiedervereinigung mitten im Treptower Park im ehemaligen Ost-Berlin. Direkt vor dem Denkmal der weinenden Mutter Russlands (»Mutter Heimat«) predigte ich los, zum großen Erstaunen der Touristen, die vorbeigingen. Da war mir nichts peinlich, das hat mir riesigen Spaß gemacht. Ich erinnere mich, dass es an diesem Tag um die sehr bekannte biblische Geschichte vom verlorenen Sohn ging, allerdings in einer etwas modernisierten Fassung. Bei mir hieß dieser Sohn Benny und war 14 Jahre alt. Er lebte auf der Straße und bettelte nicht, wie das Original, bei den Bauern um Essen, sondern in der U-Bahn um Geld. Zur Untermalung ging ich wie Benny zu den Leuten und fragte sie: »Haste ma ne Mark?«

Na ja ... – warum denn nicht auch so etwas einmal wagen?! Dadurch hatte ich auf jeden Fall die Aufmerksamkeit der Menschen – und kam ganz beiläufig auch noch zu einer guten Kollekte.

Im Rückblick bin ich über manches froh, was ich da ganz am Anfang schon lernen konnte, vor inzwischen weit über fünfundzwanzig Jahren. Nachhaltig prägten mich die unzähligen Erlebnisse mit ganz verschiedenen Menschen. Diese Begegnungen waren es, die mir früh die Berührungsängste vor solchen Gesprächspartnern genommen haben, die so ganz »anders« sind als ich, sei es durch die Erscheinung oder aufgrund des Verhaltens. Gerade von diesen Gegenübern profitiere ich heute noch in besonderem Maße, und das nicht nur in meinem Amt.

Schon damals hieß für mich Pfarrerin-Sein zweierlei: zum einen »Hirtin«, also Pastorin, einer konkreten Gemeinde oder christlichen Gruppe zu sein; zum anderen in einer sowohl diakonischen als auch seelsorgerlichen Grundhaltung mitten im Alltag der Menschen zu stehen, als Mit-Mensch.

Obwohl ich viele Erfahrungen aus jener Zeit nicht missen möchte, habe ich den Dienst in dieser Freikirche nach wenigen Jahren beendet. Es hatte fast unmerklich begonnen. Langsam, aber sicher waren in mir Zweifel an deren fundamentalen theologischen Überzeugungen gewachsen.

Probleme bekam ich vor allem dann, wenn die alten biblischen Aussagen uneingeschränkt als von Gott persönlich eingegeben gelten sollten. Und sie dann, obwohl vor Tausenden von Jahren in ganz anderen historischen und sozialen Zusammenhängen geschrieben, genauso ins Heute übertragen wurden. Wenn mir zum Beispiel in mancher Gemeinde gesagt wurde, dass ich als Frau nicht predigen dürfe, weil Gott selbst das »verboten« habe. Schließlich sei im Neuen Testament ganz klar formuliert, vor allem in den Briefen des Apostels Paulus, dass die Frauen in der Gemeindeversammlung schweigen sollten und es ihnen nicht gestattet sei, zu reden, zu lehren oder das Wort zu führen. Dass solche Sätze in ganz konkreten Situationen gesprochen wurden, nämlich in bestehenden Konflikten in den ersten christlichen Gemeinden, war und ist offensichtlich für nicht wenige Glaubende irrelevant.

Irgendwann habe ich seinerzeit aufgegeben zu diskutieren und auch, mich zu verteidigen. Das kostete nur Kraft und blieb ohne Ergebnis. Andere theologische Fragen häuften sich mehr und mehr, und die »neuen« Antworten, die ich damals fand, führten mich von der dort herrschenden Lehre weg. Und sie nahmen auch Einfluss auf meinen alltäglichen pastoralen Dienst.

Ich möchte ein kleines Beispiel geben: Als ich in unserem Café für Wohnungslose nicht nur christliche Bücher, sondern auch Kondome für die Gäste auslegte, wurde ich von einigen Kirchenleuten sehr dafür gescholten. Man muss dazu wissen, dass diese Freikirche jede sexuelle Betätigung außerhalb der heterosexuellen Ehe als Sünde ansah. Entsprechend warf man mir vor, mit den Kondomen die falschen Signale zu setzen und damit die Sünde zu fördern. Ich konnte damals, aus tiefster Überzeugung, nur eins darauf antworten: »Nein, ihr Lieben, ich verhindere Aids.«

Diese Begebenheit steht stellvertretend für vieles, was nicht mehr zu meinen Überzeugungen passte. Da es aber für eine ordinierte Geistliche unabdingbar ist, hinter den Glaubenssätzen ihrer Kirche zu stehen, blieb mir am Ende nur, meinen Dienst dort zu beenden. Denn was ich noch nie konnte, war, mich zu verbiegen.

Ich war inzwischen mit Leib und Seele Pastorin, aber nun eine ohne Kirche – und dazu noch an einem eklatanten Wendepunkt. Ein ehemaliger Bischof Berlins sagte mir später einmal sinngemäß, ich hätte da wohl fast so etwas wie eine »reformatorische Wende« durchlebt. Ja, das trifft es im Kern, wenngleich es vielleicht etwas zu gewichtig formuliert ist.

Ich hatte sowohl theologisch als auch in meinem persönlichen Glauben wieder zu dem Gott gefunden, den ich als Teenager schon einmal kennengelernt hatte. Dem Gott, den schon Martin Luther seinerzeit gesucht und gefunden hatte: dem gnädigen, befreienden und über die Maßen liebenden Schöpfer und Erhalter. Und folgerichtig führte mein Weg mich dann auch wieder zurück zur Kirche der Reformation, die ich mit meiner Konfirmation, wie so viele andere Jugendliche, hinter mir gelassen hatte.

Der Weg ins Pfarramt innerhalb der evangelischen Landeskirche (EKD) war für mich dann allerdings sehr aufwendig und mehr als steinig. Denn bis auf wenige Ausnahmen wurden Module meiner freikirchlichen Ausbildung nicht anerkannt. Sie entsprächen, so hieß es, nicht dem universitären Standard des Theologie-Studiums. Zudem hatten einige Verantwortliche Vorbehalte gegen mich im Amt ihrer Kirche, weil ich ja einmal eine »Freikirchlerin« war. Das war ernüchternd und enttäuschend. Doch ich wollte auch künftig Pfarrerin sein, also tat ich das, was die evangelische Kirchenleitung von mir forderte: Ich studierte als Enddreißigerin an der Humboldt-Universität zu Berlin evangelische Theologie – und machte dort den Abschluss. Mag sein, dass Stolz eine Todsünde ist, sei's drum. Ich jedenfalls bin bis heute verdammt stolz darauf, im Alter von 44 Jahren dieses sehr schwere Examen geschafft zu haben.

Im Rückblick möchte ich diese Jahre an der Uni nicht missen, nicht nur wegen der coolen Partys, sondern vor allem, weil dieses Studium mir unendlich viel Rüstzeug gab, theologisch tiefer zu sehen – und zu verstehen. Und auch sowohl meinen Glauben als auch mein pastorales Verständnis fundierter als je zuvor zu bestimmen. Ich habe auch sehr gern die alten Sprachen gelernt, was die meisten meiner Kommilitonen sehr befremdlich fanden. Aber Alt-Hebräisch und Alt-Griechisch ermöglichten mir, die Texte der biblischen Bücher ohne Übersetzung zu lesen und zu erforschen. Wobei mir später in der Praxis aufgrund der hohen Arbeitsbelastung selten die Zeit dazu blieb, dies in aller Ausführlichkeit zu tun.

Ich höre leider immer wieder, dass jungen Menschen in manchen freikirchlichen Kontexten geraten wird, bloß nicht an der Universität Theologie zu studieren, weil man dort »seinen Glauben verlöre«. Bei allem Respekt, ich halte das für Unsinn – und zudem für übergriffig. Ich habe die Erfahrung gemacht, dass sich mein Glaube verändert hat, dass er aber keinesfalls verlorenging, sondern im besten Sinne »erwachsener« und tragfähiger wurde. Allerdings störte mich an der Uni, dass es während des Studiums kaum Praxis-Module für diejenigen gab, die das Pfarramt anstrebten.

Ich sehe es, trotz all der Mühen, heute noch als Bereicherung an, zwei verschiedene Strecken zur »Geistlichen« gegangen zu sein und dadurch ein sehr breites Spektrum zu haben. Ich bin sogar zweimal ordiniert worden. Wer kann das schon von sich behaupten?

Seit zehn Jahren bin ich nun Pfarrerin innerhalb der EKD. Diese gliedert sich in zwanzig selbständige regionale Landeskirchen, denen auch die Pfarrerinnen und Pfarrer zugeordnet sind. Da ich in Berlin lebe, gehöre ich zur Landeskirche Berlin-Brandenburg-Schlesische Oberlausitz, kurz EKBO genannt.

Viele Menschen denken bei Pfarrern immer noch vor allem an Predigen und Beerdigen. Manche fragen mich auch, was wir Pfarrer eigentlich die ganze Woche so machen; wir hätten doch nur am Sonntag den Gottesdienst zu halten – und ab und zu mal ein Kind zu taufen. Nun ja, »ein bisschen« mehr ist es schon.

Als Pfarrerin verstehe ich mich nicht als jemand, der als eine

Art Zeremonienmeisterin »gebraucht« wird, von diesem oder jenen, für dies oder das. Ich sehe mich auch nicht als eine Sonntags-Predigerin, um es mal überspitzt zu formulieren.

Natürlich ist es meine Aufgabe, vor allem im Dienst als Gemeindepfarrerin den Menschen regelmäßig Predigten zu halten, mit denen ich ihnen die biblischen und christlichen Inhalte nahebringe und die Relevanz für ihre aktuelle Lebenswirklichkeit darlege. Genauso gehört es zu meinem Amt, als Seelsorgerin zur Verfügung zu stehen, den Menschen ein christliches Gegenüber zu sein. Oder mit den Menschen Taufe und Abendmahl zu feiern, zu beerdigen, zu trauen und zu konfirmieren. Und auch die Ehrenamtlichen zu begleiten, die Kranken zu besuchen, Konfirmanden- oder auch Religionsunterricht zu geben, Bibelstunden abzuhalten, Gemeindekreise zu unterstützen und so weiter. Und all das tue ich, so gut ich es vermag, oft und gern. Na ja, manches vielleicht etwas lieber als anderes.

Doch Pfarrerin-Sein kann für mich in der heutigen säkularisierten Welt nicht nur bedeuten, innerhalb der Gemeinschaft der Glaubenden zu agieren. Meinen Platz sehe ich genauso außerhalb der Kirchenräume, im Umfeld, im sozialen Raum. Und dort sehe ich mein Ziel nicht darin, neue Mitglieder für die Kirche zu gewinnen und sie zum Teil des Binnenlebens der Gemeinde zu machen. Nein, ich will als Pfarrerin einfach »da sein«, mitten im Stadtteil, dort, wo die Menschen sind. Mir Zeit nehmen, mit ihnen – und, wenn gewünscht, auch für sie. Ich will als Frau der Kirche »Teil von's Janze« sein.

Wir leben in einer Zeit, in der viele Menschen in unserem Land an der Armutsgrenze leben und wenig Perspektiven zu haben scheinen. Erhebungen zufolge gehört auch jedes fünfte Kind in Deutschland dazu. Genauso trifft es die, deren Rente trotz vieler Jahre Arbeit nicht zum Leben und nicht zum Sterben reicht. Dies hat Folgen, vor allem für die Seele und die Lebensqualität jedes einzelnen Betroffenen, aber auch für das Gesellschaftsgefüge insgesamt. Hier kann die Kirche sich keinesfalls »raushalten«.

Ich war als Pfarrerin bereits in mehreren nicht so angesagten Stadtteilen tätig. Dort wird es ganz konkret. Armut und die damit verbundene soziale Ausgrenzung sind dann keine statistischen Größen mehr, sondern bekommen ein Gesicht, einen Namen, eine persönliche Geschichte. Und Aggression und Fremdenfeindlichkeit sind dann kein Phänomen von Pegida und Co., sondern hautnah spürbar, als Ventil für so vieles, was den Leuten in ihrer Lebenssituation auf der Seele liegt. Das wahrzunehmen und sich dem auszusetzen, das heißt für mich heute auch Pfarrerin-Sein. Als christliche Seelsorgerin bin ich aber keine verkappte Sozialarbeiterin. Das ist nicht mein Beruf, das sollen die geschulten Profis machen.

Ich verstehe mich als pastorale Person, die sich einem Menschen, der das Gespräch mit mir sucht, zur Verfügung stellt. Auch wenn er oder sie gar nicht über Gott oder das Christentum reden möchte. Es ist mein Anliegen und auch meine grundsätzliche Aufgabe, allen Äußerungen, Meinungen und Fragen eines Gegenübers zuzuhören und mich damit auseinanderzusetzen, in aller Offenheit, aber ohne die Person in eine Richtung zu lenken.

Ich sehe meinen Platz als Pfarrerin auch in der Reihe derer, die gemeinsam das Leben in ihrem Viertel gestalten, den sozialen Frieden erhalten und das Miteinander der Bewohner stärken wollen. Auf diese Weise wird Kirche wieder konkret und erkennbar. Denn sie wandelt sich von einer unpersönlichen Institution zu einer beteiligten Akteurin, wovon viele Menschen im Umfeld profitieren können. Ein Schulterschluss mit den sozialen und kommunalen Trägern vor Ort, auch mit Schulen, Wohnheimen und Bürgerprojekten, ist dabei ein wichtiger Schritt. Für solche Prozesse der Vernetzung muss die Kirche künftig mehr Dienstzeit einplanen, auch wenn sie dann an anderer Stelle fehlt. Bisher konnte leider nicht jeder Kirchenleitende das »Pfarramtliche« an meinem diesbezüglichen Engagement erkennen, was mehr als betrüblich war.

Aber Bündnisbildung, das ist doch das A und O in der gesamten pastoralen Arbeit, aus meiner Sicht jedenfalls. Verbindungen aufzubauen, nicht nur mit anderen Gläubigen, nicht nur in der Ökumene, sondern gerade auch mit denen, die der Kirche fernstehen, aber humanistische Ziele verfolgen – das ist für mich genauso eine Kern-Aufgabe meines Amtes wie eine Bibelstunde im Gemeindesaal zu halten. Denn nur im Miteinander zwischen nichtkirchlichen und kirchlichen Akteuren, mittendrin im Leben einer Gesellschaft, kann in der »Welt« etwas Nachhaltiges und Tragfähiges bewegt werden.

Ich habe mit den Jahren gelernt, dass es nicht darauf ankommt, dass die Fahne der Kirche über jedem Projekt wehen muss, bei dem sie mitmacht. Gemeinsame Feste werben viel mehr für die Kirche und bringen sie den Menschen ganz beiläufig näher. Ohne dass ein Banner bezeugen muss, dass die EKD auch da ist – und ohne dass nur ein einziges Wort gepredigt wird.

Pfarrerin-Sein im sozialen Raum heißt für mich natürlich auch, einige ausgewiesen »christliche Angebote« mitten im Stadtteil zu schaffen, wenn möglich an einem zentralen Begegnungsort der Bürger. Veranstaltungen, bei denen das Evangelium verkündigt und gehört werden kann, wo gemeinsam gebetet und gesungen wird, gehören für mich einfach dazu und sind eine niedrigschwellige Gelegenheit für Neugierige, einfach mal hineinzu»schnuppern«. Ob es im Advent ein Kindernachmittag ist, an dem Weihnachtsgeschichten gelesen und Sterne gebastelt werden, oder ein lebensnaher Gottesdienst mit guter Musik oder auch ein Gesprächskreis über Zeitthemen im Zusammenhang mit der Bibel, alles ist sinnvoll. Und unsere nichtkirchlichen Partner haben uns mehr als einmal auch bei den christlichen Events geholfen, und das war jedes Mal ein tolles Erlebnis.

Ich bin eine Pfarrerin, die es besonders zu den Menschen

hinzieht, die in schwierigen Lebenslagen sind, die Klartext reden, die tüchtig schimpfen oder Angst haben. Und zu denen, die mit Gott und seinem Laden so gar nichts am Hut haben. Das liegt wohl an meiner Natur, aber ganz gewiss auch an meinem etwas ungewöhnlichen Werdegang ins Pfarramt. Ich bin nach wie vor wirklich gern im Dienst für Gott unterwegs, und Pfarrerin-Sein macht mir grundsätzlich immer noch Freude. Doch es gibt landauf, landab einige gravierende Probleme in der evangelischen Kirche, die auch für den pastoralen Dienst Folgen haben.

Da ist zum Beispiel die Entwicklung, dass in vielen Landeskirchen Pfarrermangel herrscht, die Arbeit aber überwiegend die gleiche geblieben ist. Dazu kommen der anhaltende Mitgliederschwund und die »Sparmaßnahmen« der Kirchenleitungen, die in allen Arbeitsbereichen der Gemeinden spürbar sind, aber auch in der Krankenhaus-Seelsorge und an anderen speziellen Einsatzorten. Die Aufgabenkataloge für verbleibende Hauptamtliche, nicht nur für Pfarrer, sind sukzessive umfassender geworden. Und würden die Ehrenamtlichen nicht so viel Zeit und Arbeit einbringen, wäre einiges schon längst zusammengebrochen.

Pfarrer-Sein bedeutet heute oft genug, nicht nur das geistliche Amt auszufüllen, sondern zudem eine »eierlegende Wollmilchsau« zu sein. Ich kam, wie viele Kollegen, auch nicht drum herum, berufsfremde Aufgaben mit zu übernehmen. Das kann vieles sein: die Geschäftsführung der Gemeinde machen, den gemeindeeigenen Friedhof verwalten, ein größeres Bauvorhaben mit Hilfe des Gemeindekirchenrates durchführen oder die Personalleitung in der Gemeinde-Kita übernehmen. Oder anderes.

Dazu kommt, dass die pfarramtlich zu versorgenden Bezirke für den Einzelnen größer werden. Zunehmend werden strukturelle Veränderungen an der Basis umgesetzt, übergemeindliche Schwerpunkt-Angebote sind gewollt, wie zum Beispiel Konfirmandenarbeit nur noch an einem zentralen Ort in der Region.

Ich habe oben geschrieben, dass Pfarrerin-Sein für mich vor allem bedeutet, »da zu sein«, mich den Menschen innerhalb und außerhalb des Kirchenraumes zur Verfügung zu stellen. Doch die Zeit für den Einzelnen ist, realistisch gesehen, knapper geworden, der Raum für Rat und Seelsorge, für Beichtanliegen, für Besuche bei Kranken, für die Senioren, für die Kids – er wird enger. Und auch die Kapazitäten für den Beziehungsaufbau mit Menschen im Stadtteil, für Bündnisse und für Anliegen einzelner Bewohner sind rückläufig. Ich weiß nicht, ob das in allen Landeskirchen in Deutschland so ist, ich bekomme aber fast den Eindruck, wenn ich die internen Kommunikationsprozesse verfolge. Für mich ist das mehr als unbefriedigend. Ich bin keine Psychologin oder Sozialarbeiterin geworden, sondern Pfarrerin. Ich bin auch keine professionelle Betriebswirtin, Verwaltungskraft oder Managerin, sondern eine christliche Seelsorgerin. Ich bin eine evangelische Pfarrerin, die wie jeder und jede meiner Kollegen bei der Ordination ein Versprechen abgegeben hat. Meins lautete so:

»Ich gelobe vor Gott, das Amt der öffentlichen Wortverkündigung und Sakramentsverwaltung (Taufe, Abendmahl) im Gehorsam gegen den dreieinigen Gott in Treue zu führen, das Evangelium von Jesus Christus, wie es in der Heiligen Schrift gegeben und in den Bekenntnissen meiner Kirche bezeugt ist, gemäß meinem Bekenntnisstand rein zu lehren, die Sakramente ihrer Einsetzung gemäß zu verwalten, meinen Dienst nach den Ordnungen meiner Kirche auszuüben, das Beichtgeheimnis und die seelsorgerliche Schweigepflicht zu wahren und mich in meiner Amts- und Lebensführung so zu verhalten, dass die glaubwürdige Ausübung des Amtes nicht beeinträchtigt wird.«

Bis hierher habe ich mich eingesetzt, dem gerecht zu werden. So gut es eben ging. Und das will ich auch künftig tun, aber dabei gesund bleiben.

Die Menschen haben nach wie vor Erwartungen an »ihre«

Kirche, an ihren Pfarrer, nicht nur die engagierten Gläubigen und verbliebenen Mitglieder. Manche können auch nicht einsehen, dass ihr Pfarrer so schwer beschäftigt sein soll, dass er nicht mal eine Stunde zum Kaffee kommen kann. Bei anderen macht sich Unmut über die Kirche als Ganzes breit. Und dann entlädt sich der Frust als Erstes im Gemeindebüro bei demjenigen, der dort sitzt und eigentlich arbeiten will. Oder der Pfarrer kriegt es gleich direkt ab. Und dann kann es passieren, dass der fleißige Kollege, dem solche Enttäuschung entgegenschlägt, noch mehr arbeitet und über seine Grenzen geht, um die Leute zufriedenzustellen. In kirchlichen Printmedien ist seit längerem immer wieder zu lesen, dass mehr und mehr Pfarrerinnen und Pfarrer die Quadratur des Kreises versuchen – und krank werden.

Auch ich wollte über lange Zeit die Erwartungen aller erfüllen: die der Kirche, die der Menschen ringsum, die (vermeintlichen) Gottes – und auch, was nicht zu unterschätzen ist, die meines eigenen Selbstbildes und Amtsverständnisses. Es kann schnurstracks in die Katastrophe führen, wenn schon die eigenen Ansprüche an sich völlig überzogen sind. Und wenn aus dem Blick gerät, dass auch Pfarrerinnen und Pfarrer nur menschliche Wesen sind.

Ich habe vor etlichen Jahren bitter lernen müssen, dass ich zwar nach Gottes Ebenbild geschaffen bin, aber nicht über göttliche Attribute verfüge. Mir ist weder Gottes Allgegenwart möglich, noch habe ich seine grenzenlose Kraft. Ich wäre damals sicher mit Vollgas weiter in Richtung Burn-out gerast, wenn da nicht ein sehr weiser älterer Mann aus meiner Gemeinde gewesen wäre, der mich liebevoll, aber deutlich wachgerüttelt hat. Er gab mir einen väterlichen, na, eher großväterlichen Rat, für den ich ihm heute noch dankbar bin. Er sagte, dass Gott mich als Pfarrerin durchaus vorbildhaft für die Gemeinde haben wolle. Ich solle aber bedenken, dass dies umfassend zu verstehen sei, also in »jeder« Hinsicht. Ich sei also nicht nur dazu berufen, bezüglich Arbeitseifer, Kompetenz, Präsenz, Fürsorge und Nächstenliebe mein Bestes zu geben, sondern auch dazu, beispielhaft für die Gläubigen zu sein, wenn es um die gebotene Fürsorge für sich selbst geht. Praktisch hieße das, Pausen einzulegen, mich zurückzuziehen, auch für genug Schönes in meinem Leben zu sorgen und es zu genießen. Die Selbstliebe sei ein genauso wichtiger Auftrag Christi wie die Gottes- und die Nächstenliebe. Und es sei sicher auch in Gottes Sinne, wenn die Frau Pfarrerin öfter den Mut hätte, sich den anderen Menschen auch in ihrer Begrenztheit zu zeigen. Auch einmal »nein« zu sagen und, falls nötig, auch um Hilfe zu bitten und Aufgaben zu delegieren. Auf keinen Fall habe Gott ein Interesse daran, dass sich seine Leute im kirchlichen Dienst »aufrauchen« oder sogar an ihm verzweifeln und krank werden. Das solle ich mir immer wieder vor Augen führen und beherzigen, auch wenn der Aufgabenkatalog, den die institutionelle Kirche vorsieht, noch so lang ist.

Um seine Aussagen zu untermauern, erzählte mir der ältere Herr noch etwas von Mose. Das ist der Mann, der das Volk Israel aus der Sklaverei in Ägypten herausgeführt hat. So erzählt es die Bibel: Als Mose mit dem Volk Israel den Ägyptern entkommen war und nun durch die Wüste in das »Gelobte Land« zog, kam er als Anführer mehr als einmal an seine Grenzen. Das Volk war ziemlich schwierig, es meckerte ständig und war ungehorsam. Alle naselang wollten sie lieber umkehren. Zudem gab es viele unterschiedliche Meinungen. Manche säten immer wieder Misstrauen gegen Mose. Immer wenn Mose schier am Volk verzweifelte und auch an seiner Verantwortung, klagte er das seinem Gott. Der machte Mose keine Vorwürfe, hielt ihn auch nicht für unfähig oder unwillig. Nein, er sorgte dafür, dass Mose Hilfe bekam. Als Mose zum Beispiel seine Arme in einer kriegerischen Auseinandersetzung nicht sinken lassen durfte, weil Israel dann verlieren würde, er aber nicht mehr konnte, kamen zwei Männer und stützten seine Arme. Und als er allein über alle Streitfälle auf der Reise richtete, kam die Hilfe Gottes durch seinen Schwiegervater. Der erklärte ihm, dass er auf diese Weise Tag für Tag über die eigenen Kräfte gehe. Er solle stattdessen Richter einsetzen, die ihm einiges abnähmen. Mose delegierte tatsächlich – und sparte eine Menge Energie für anderes. Nur die ganz großen Streitfälle, die richtete er weiterhin noch selbst.

Ich hörte aufmerksam zu. Moses Geschichte hatte ich lange nicht mehr gelesen. Dennoch war es nicht schwer zu erkennen, was mein Gesprächspartner mir damit sagen wollte. Der schaute mich schließlich nur an und lächelte. Er wollte keine Reaktion von mir, und ich hatte in diesem Moment auch gar keine. Beim Abschied bat er mich nur, einmal über das Gehörte nachzudenken. Dann umarmte er mich und ging.

Ich hatte mich von ihm an jenem Sonntag weder belehrt noch angegriffen gefühlt, es war mir auch nicht unangenehm, auf diese Weise angesprochen zu werden. Ich fühlte mich im besten Sinne brüderlich »beseelsorgt«. Und das tat mir gut. Es ist wirklich ein Glück, in unseren Gemeinden Menschen wie diesen Mann zu haben. Menschen, die fürsorglich auf ihre Pfarrerinnen und Pfarrer sehen, die auf uns achten und für uns beten.

Dieses Gespräch beschäftigte mich anhaltend, trotz meines Alltags und vieler anderer Erlebnisse. Wenige Wochen später ergab sich für mich die Gelegenheit, ein paar Tage Urlaub zu nehmen. Ich beschloss, in ein Kloster mitten in Berlin zu gehen, zu den Karmeliterinnen. Ich freute mich auf einige Tage ohne Laptop, Smartphone oder Fernseher – und ohne viele Menschen, die etwas von mir wollen könnten. Das würde mir sicher guttun, dachte ich. Besser gesagt, ich hoffte es. Eigentlich wollte ich sowieso nur schlafen, schlafen und nochmals schlafen. Ich war sehr erschöpft.

Im Gästehaus des Klosters war ich ganz allein, und auch die

Ordensschwestern sah ich nur zu den Gebeten in der Krypta. Ansonsten lebten sie in Klausur. Ich war also, nach vielen vollen Diensttagen, plötzlich auf mich selbst geworfen, und auf Gott. Das wurde dann sehr intensiv. Ich saß meistens im Meditationsraum vor einem ziemlich großen Kreuz, an dem der leidende Jesus hing. Erst war mir das unangenehm, weil mir das leere Kreuz als Bild für die Auferstehung Christi lieber ist. Am Ende meiner Zeit dort wusste ich aber, dass es der leidende Christus war, der meiner Seele viel näher war. In den Tagen dort dachte ich viel über mein Pfarrerin-Sein nach, über die vielen Erwartungen, die ich unmöglich alle erfüllen konnte. Über die Freude, die inzwischen viel zu kurz kam. Ich redete mit Gott – und las über diesen Mose. Und ich betete alte Worte von den christlichen Mystikern. Diese Woche war im wahrsten Sinne des Wortes reinigend und heilend für meinen Geist und meine Seele. Diese Einkehr hat auch dazu geführt, dass sich mein pastorales Verständnis noch einmal ein Stück weiter bewegt hat.

Seither heißt Pfarrerin-Sein für mich auch, mir selbst gegenüber achtsamer zu sein. Und auch, regelmäßig Supervision in Anspruch zu nehmen, um meinen Dienst zu reflektieren. Ich fand im Kloster auch den Mut und die Freiheit, mich künftig manchen Ansprüchen gegenüber, die an mich als Pfarrerin der evangelischen Kirche gestellt werden, zu verweigern. Das ist aber gar nicht so leicht, merke ich immer wieder. Wird auch nicht gern gesehen ...

Müsste ich in einem einzigen Wort ausdrücken, was Pfarrerin-Sein für mich heute heißt, dann wäre dieses Wort »lebensdienlich«. Ja, das will ich sein, für andere Menschen, aber auch für mich selbst.

»MEINE FREUNDIN MÖCHTE PATIN FÜR MEINEN SOHN WERDEN ... ICH FREU MICH SO!«

Wie es wieder mehr Paten geben könnte

»Hast du mal 'ne Zigarette?« Das war die erste Frage, die Karin mir stellte; eine resolute Frau Mitte dreißig, alleinerziehende Mutter von zwei Kindern. Ich hatte sie an diesem Abend das erste Mal gesehen, bei unserer Anwohnerversammlung. In der Pause sprach sie mich an, und ich gab ihr den erbetenen Glimmstengel. Wir rauchten und redeten über die Missstände in unserem Stadtteil und was wir alle gemeinsam dagegen tun könnten. Karin erzählte nichts über sich selbst, wollte auch über mich nichts erfahren. Aber wir waren uns sofort irgendwie sympathisch.

In den folgenden Wochen traf ich sie dann regelmäßig bei weiteren Versammlungen. Es wurde zum schönen Ritual, dass wir in den Pausen eine rauchten und über Gott und die Welt quatschten. Na ja, über Gott eigentlich nicht wirklich.

Eines Tages begegneten wir uns dann zufällig bei Lidl am Käseregal. Karin war schlecht drauf, das merkte ich sofort. Und bevor ich etwas sagen konnte, sprudelte es nur so aus ihr heraus. Das Amt habe mal wieder Stress gemacht, die wollten ihr keine neue Waschmaschine bewilligen. Das ginge ja gar nicht. Karin schimpfte wie ein Rohrspatz. Zu allem Überfluss habe dann auch noch die Schule angerufen und verlangt, dass Karin komme. Ihr älterer Sohn soll einem anderen Kind auf dem Schulhof eine ge-

knallt haben.«Der Thomas ist zwar manchmal etwas aggressiv –
aber schlagen, nee, so was macht er nicht.« Karin unterhielt inzwischen den ganzen Laden. Ich versuchte erst gar nicht, sie zu
beruhigen. Das hätte wenig Zweck gehabt. Irgendwann schnaufte
sie auf einmal durch, schwieg und suchte sich Käse aus.

Nach dem Einkauf lud ich sie auf einen Kaffee am Brotstand
ein. Dort erzählte sie mir, jetzt wesentlich leiser, von ihrem Leben. Sie sprach über ihren täglichen Kampf um die Existenz ihrer
Familie. Ich hörte von ewig meckernden Nachbarn und dass ihre
Kinder ständig in der Schule gemobbt würden, weil sie nicht die
angesagten Klamotten haben. »Dagegen machen diese Lehrer
übrigens gar nichts, da müssen die Eltern der Mobber-Kids nicht
antreten.« Karin erzählte auch vom Vater ihrer Kinder. »Der bekommt jetzt Nachwuchs mit einer anderen Frau, dabei kümmert
der sich doch schon um unsere beiden nicht richtig. Wann ich
das letzte Mal Geld von ihm bekommen habe, weiß ich auch
nicht«, schimpfte sie über ihn.

Als ich Karins ganze Geschichte gehört hatte, fühlte ich mich
wie erschlagen. Wo nahm diese Frau wohl die Kraft für ihr Leben
her? Wer war an ihrer Seite, außer Sozialarbeiter? Wo blieb sie
als Frau mit ihren Wünschen und Bedürfnissen? Gleichzeitig
empfand ich große Bewunderung dafür, wie sie versuchte, ihren
Kindern alles zu ermöglichen, was irgend ging. Ihre Eltern seien
ihr auch keine große Unterstützung, die hätten eigene Probleme,
meinte sie nur lakonisch. »Und Freunde?«, fragte ich. »Die gibt
es zum Glück – aber leider nur ganz, ganz wenige. Als Alleinerziehende habe ich kaum Gelegenheiten, mal allein rauszugehen,
ich kriege meistens nur Kontakt zu anderen Alleinerziehenden.«
Gerade, als ich reagieren wollte, erhob sich Karin plötzlich vom
Stuhl. Sie nahm den letzten Schluck aus ihrer Tasse und ent-
schwand mit einem »Muss los, bis bald! Danke für den Kaffee!«

Ich hatte noch nicht oft erlebt, dass mich jemand so stehen
bzw. sitzen ließ. Aber bei Karin sollte ich mich noch daran ge-

wöhnen müssen, dass sie ab und zu einmal eine Situation auf diese Weise verließ. Zum Glück war sie nicht vor mir weggerannt, weil ich Pfarrerin bin und sie Angst hatte, jetzt »beseelsorgt« zu werden. Meinen Beruf kannte sie da noch gar nicht. Und selbst, wenn ich bei diesem gemeinsamen Kaffee zu Wort gekommen wäre, hätte ich nicht von Gott oder meiner Arbeit angefangen. Wozu? Diese Mutter wollte sich einfach mal ausquatschen, bei jemandem, der ihr nicht unbekannt war. Nicht mehr und nicht weniger. Und ich war im richtigen Moment am richtigen Ort, dort am Käseregal.

Die nächste rituelle Zigarette kam, und Karin verhielt sich nicht anders als vorher, na ja, vielleicht etwas weniger burschikos. Sie verlor auch kein Wort zu unserem Gespräch am Brotstand bei Lidl. Wir rauchten und redeten über alles Mögliche, es war wie immer. Doch dann begrüßte mich eine ältere Dame im Vorbeigehen lauthals mit: »Guten Abend, Frau Pfarrerin!« Karin fiel fast die Zigarette aus der Hand und sie rief: »Krass, Alter!« Sie konnte kaum glauben, dass diese Ute mit der verwaschenen Jeans und der Zigarette in der Hand eine waschechte Pfarrerin der evangelischen Kirche sein sollte. Sie fragte dreimal nach, ob das wirklich stimme, und dreimal antwortete ich wahrheitsgemäß, dass ich wirklich eine solche bin. Da ließ Karin mich, ob ich wollte oder nicht, ihre Vorstellung von »Pfaffen« wissen: »Die stehen über den Dingen, sind unnahbar, haben keinen Spaß und keinen Sex, tragen konservative Kleidung und haben mit dem ›richtigen‹ Leben nichts zu tun.« Ich glaube, ich habe nichts vergessen.

Ich hielt ihr zugute, dass sie nur ein einziges Mal als Kind einen Gottesdienst miterlebt hatte, als ihre Tante beerdigt wurde. Darüber hinaus hatte sie bis zu jenem Abend weder eine Kirche von innen gesehen noch Pfarrerinnen oder Pfarrer persönlich kennengelernt. Und in ihrer Schule habe es sowieso immer geheißen, dass Religion Quatsch sei, dass es keinen Gott gäbe.

Die Bürgerversammlung war inzwischen längst weitergegangen. Aber wir standen noch lange draußen und rauchten. Karin war sehr direkt. Sie fragte mir Löcher in den Bauch; wollte wissen, wie denn so mein alltägliches Leben aussähe, ob ich einen Mann haben dürfe und auch, ob ich wirklich an Gott glaube. Ich tat mein Bestes, um ihren Wissensdurst zu befriedigen. Nur bei sehr intimen Fragen verweigerte ich dann doch die Aussage. Das Ganze muss Karin so spannend gefunden haben, dass sie spontan versprach: »Wenn das so ist – dann komme ich auch mal in deine Kirche!«

Und das tat sie. Nach meinem »Outing« als Pfarrerin kam sie tatsächlich mit ihren Kindern in den sonntäglichen Gottesdienst. Sie war neugierig, was die Ute in dem schwarzen Talar wohl von sich gibt. Und wer da so sitzt und lauscht. Es war anscheinend nicht so schlecht, denn Karin kam fortan ab und zu wieder. Ich freute mich darüber. Und mit der Zeit lernte sie natürlich auch ein paar Leute aus der Gemeinde kennen. Sie fragte mich auch mehr nach Gott. Und ihr älterer Sohn Thomas wollte mehr Geschichten von diesem krassen Jesus hören. Kein Problem!

Eines Tages traf ich Karin dann im Spätkauf. »Ute, ich muss unbedingt mit dir reden«, sagte sie sehr förmlich. Was war los? Wir suchten uns eine ruhige Ecke. Was sie dann sagte, machte mich regelrecht sprachlos – und das will bei mir wirklich etwas heißen.

Karin wollte ihren dreijährigen Sohn Sven taufen lassen. »Geht das denn überhaupt? Ich bin ja nicht Mitglied der evangelischen Kirche.« – »Das ist kein Problem«, beruhigte ich sie. »Elternteile eines Taufkindes müssen nicht zwingend Mitglied sein.« Karin strahlte übers ganze Gesicht und wollte dort, zwischen Bierkästen und Süßigkeiten, gleich alles für den Taufgottesdienst besprechen. Natürlich freute ich mich mit ihr. Und ich war ganz besonders neugierig auf das »Warum«. Warum wollte diese Frau, die sich dem Glauben und der Kirche doch erst langsam näherte, ihr Kind jetzt taufen lassen? Um darüber und auch über alles Weitere in Bezug auf die Taufe zu reden, verabredeten wir uns einige Male bei Karin und ihren Kindern zu Hause.

Sie hatte vorrangig zwei Gründe für ihr Taufanliegen. Zum einen wollte sie ihren kleinen Sven für sein Leben in »Sicherheit« wissen. Er solle unter einem höheren Schutz stehen als den, den Menschen ihm geben können. Und sie habe das Gefühl, dass Sven bei diesem Jesus und in Gottes Armen diesbezüglich bestens aufgehoben wäre. »Du hast doch schließlich auch gepredigt, dass Gott alle Menschen am Herzen liegen, dass er die Kinder aber ganz besonders lieb hat«, erklärte Karin mir. Seit diesen Worten habe sie angefangen, über eine Taufe nachzudenken.

Der andere Grund für ihr Anliegen war eher irdischer Natur. »Wenn Sven getauft wird, bekommt er ja auch Paten, die dann zusammen mit mir ganz besonders für ihn da sein werden. Und falls mir etwas zustößt, können die ihn dann großziehen.« Es sprach viel Liebe und Fürsorge aus diesen Worten – auch wenn ich ihr sicher noch einiges Grundlegendes erklären musste. Zum Beispiel, dass die Taufe und der Segen Gottes nicht in einem magischen Sinne zu verstehen sind. Sozusagen als Garantie, als Getaufter künftig vor Verletzung, Krankheit oder Krisen jeglicher Art bewahrt zu sein. Zum anderen bekommen Paten nicht automatisch das Sorgerecht für ihren Täufling, wenn die Eltern nicht mehr da sind. Das war vor Jahrhunderten mitunter so, aber heute hat das eine mit dem anderen nicht viel zu tun, außer dass es dem Jugendamt natürlich auch viel lieber ist, wenn es Vertraute gibt, die für das Kind sorgen wollen.

Karin wusste nur eins in ihrem Herzen: Sie wollte das Beste für ihr Kind. Und dazu gehörte für sie inzwischen, ihren Sohn in der Obhut Gottes aufgehoben zu wissen. Das ist für mich ein starkes und überzeugendes Glaubensbekenntnis, auch wenn es nicht in kirchlicher Sprache formuliert worden war.

Karin wünschte sich zwei zuverlässige Taufpaten für ihren Sven und suchte mit viel Bedacht. Am Ende kamen für sie nur zwei Freundinnen in Frage, die sich mit dem Jungen schon jetzt sehr gut verstanden. Beim nächsten Treffen erzählte sie mir freudestrahlend davon. Und auch, dass beide Wunschkandidatinnen bereit seien, dieses Amt für Sven zu übernehmen. Ich freute mich mit ihr, denn gute Paten zu finden, ist gar nicht so einfach. Karin begann von den beiden zu erzählen. Und prompt standen wir vor einem riesigen Problem. Denn beide Frauen waren nicht Mitglied der Kirche, weder der evangelischen, noch der katholischen, noch einer Freikirche. An meinem Blick sah Karin, dass etwas nicht stimmte. Sie fürchtete sofort, dass ihre Wunschpaten nicht Paten sein dürfen. Und genau das musste ich ihr sagen. Da ist die kirchliche Regelung eindeutig. Pate oder Patin kann in der protestantischen Kirche nur werden, wer aktuell Mitglied einer christlichen Kirche ist. Punkt, aus, Ende.

Sie können sich nicht vorstellen, wie enttäuscht Karin war. Und sie verstand die Regel auch nicht. Denn sie hatte diese Menschen doch wirklich aus guten Gründen ausgesucht, nach den ihrer Meinung nach einzig wichtigen Kriterien; nämlich, ob sie als Mutter diesen Menschen ihr Kind anvertrauen würde und ob ihr Sven die beiden in seiner Nähe haben mochte und sie ihn. Ihre Freunde seien eben, wie sie selbst auch, in der DDR aufgewachsen und zur Jugendweihe gegangen. Zur Kirche zu gehen war da nicht gern gesehen und sich taufen und konfirmieren zu lassen auch nicht. Das müsse man doch berücksichtigen. »Und die zwei Freundinnen, die ich gefragt habe, die meinen es wirklich sehr ernst mit der Patenschaft. Ihnen ist auch klar, dass dies ein kirchliches Amt ist. Und die werden sich für den Kleinen natürlich auch mit den christlichen Grundaussagen auseinandersetzen, um ihre Aufgabe gut zu erfüllen! Reicht das denn nicht?!«, beschwor sie mich.

Es tat mir so leid.

Ich fragte bei der obersten Kirchenleitung der EKD in Hannover nach, ob es vielleicht für solche Fälle inzwischen eine Ausnahmeregelung gäbe. Aber nein, die gab und gibt es nicht. Ich erklärte die Situation, aber das änderte auch nichts an der kategorischen Regelung. Schließlich würde es dem Inhalt des Patenamtes völlig widersprechen, ein Nicht-Mitglied zuzulassen. Wie will der oder die denn seinem Patenkind die christlichen Inhalte nahebringen und es mit der Kirche vertraut machen? Genau das wären schließlich seine oder ihre Aufgaben. Also kein Ausweg für Karin, den kleinen Sven – und mich?!

Na ja. Man kann etwas machen, was von der Kirchenleitung aber nicht gern gesehen wird. Man könnte der Familie anbieten, dass die Wunschpatinnen sogenannte Taufzeugen werden. Dann würden sie einen besonderen Platz für Sven einnehmen und auch während der Taufhandlung mit vorne stehen. Aber sie würden eben nicht wie ein Pate auf bestimmte Aufgaben verpflichtet. Sie stünden auch nicht mit auf der Taufurkunde des Jungen. Diese Handhabung mit den Taufzeugen hilft uns Pfarrerinnen und Pfarrern ein wenig aus der misslichen Lage, einerseits den gesellschaftlichen Realitäten und den Wünschen der Tauffamilie gerecht werden zu wollen; andererseits aber auch das verbriefte und für uns verpflichtende Kirchenrecht zu achten. Doch Karin war das mit der Taufzeugenschaft ihrer Wunschpatinnen zu wenig.

Diese Konstruktion ist ja auch ein Stück Augenwischerei. Denn Taufzeuge, das ist doch letztendlich jeder, der in einem Taufgottesdienst anwesend ist. Faktisch ist diese Ernennung schlicht ein Notbehelf, ein Pflaster, das so lange gebraucht wird, bis es (endlich) eine zeitgemäße kirchliche Regelung zum Zugang ins Patenamt gibt. Denn das Bedeutsame und Herausgehobene, das eine Patenschaft für alle Beteiligten darstellt, ist nicht ersetzbar.

Ich hatte in meinem Dienst bereits weit mehr als einmal

eine Tauffamilie vor mir sitzen, die unfassbar enttäuscht darüber war, wie unflexibel die Kirche ist. Da wollen Menschen sich einbringen, nähern sich vielleicht das erste Mal der Kirche, und ich muss sie dann bei einem entscheidenden Anliegen abweisen. Das möchte ich einfach nicht mehr tun müssen, um es vorsichtig auszudrücken.

Und Karin? Die machte aus ihrem Herzen wie immer keine Mördergrube und motzte mich an. Sie ließ ihre Wut raus, schimpfte ohne Ende auf »meinen« blöden Laden – und fing gleichzeitig an zu weinen. »Ich weiß gar nicht mehr, ob ich die Taufe unter diesen Umständen überhaupt noch will«, schluchzte sie. Da hatte ich gut zu tun, dass sie Gott nicht aus Wut über »seine« Kirche gleich wieder den Rücken kehrt. Doch was konnte ich ihr für die Taufe bzw. für die Paten von Sven jetzt noch anbieten?

Die Kirchenleitung rät in Situationen wie diesen zu einem »Taufaufschub«. Damit ist gemeint, dass die Taufe erst einige Zeit später stattfinden soll, damit die Wunschpaten erst einen Glaubens- und Taufunterricht besuchen können, um die Inhalte christlichen Glaubens zu lernen. Danach könnten sie dann Mitglied der Kirche werden, indem sie selbst sich taufen lassen. Denn sie allein begründet die Mitgliedschaft. Und dann stünde ihrer Patenschaft nichts mehr im Wege.

Ob das ein überzeugender Ansatz ist?! Das mag für manche Familie so sein. Ich kenne einige, bei denen dieser Vorschlag eher mit Befremden aufgenommen wurde. Und Karin? Die konnte überhaupt nicht einsehen, warum erst zwei Erwachsene getauft werden mussten, nur damit sie für ein Taufkind da sein können. Sicher konnte sie die kirchliche Logik dieses Verfahrens nachvollziehen, fand es aber doch ziemlich komisch – und langwierig dazu. Und sie wollte auch an dem Wunsch festhalten, dass Sven »jetzt« getauft wird. Das war keine Sturheit, na ja, ein wenig auch. Aber sie hatte auch wirklich triftige Gründe dafür, die ich aus seelsorgerlichen Gründen nicht nennen darf.

Tja, wat nu? Ich konnte und wollte den Jungen nicht ohne Paten taufen, nachdem die Wunschpatinnen durch die Kirche abzulehnen waren. Und die Kirchengemeinde als Ganzes als Paten zu verpflichten, was kirchenrechtlich auch ginge, war in diesem Fall auch keine ernsthafte Option. Dazu war Karin noch viel zu sehr in der Phase des Herantastens an die christliche Gemeinschaft.

Ich sagte Karin, dass ich auch nicht glücklich mit all dem bin. Das besänftigte sie ein wenig. Und wir beschlossen, uns ein paar Tage Zeit zum Nachdenken zu geben. Vielleicht würde uns ja doch noch eine für alle Seiten befriedigende Lösung einfallen, damit wir eine richtig tolle Taufe mit Sven feiern könnten.

Und die gab es dann tatsächlich. Sie ahnen nicht, wie dankbar ich war, als ich davon erfuhr. Was war geschehen?

Karin hatte eine bestimmte Frau aus der Gemeinde zu dem Zeitpunkt schon etwas besser kennengelernt. Der ist sie eine Weile nach unserem Treffen über den Weg gelaufen und hat ihr von der Misere erzählt. Da erklärte sich diese Frau sofort bereit, die Patenschaft für Sven zu übernehmen, wenn Karin einverstanden sei. Die war davon derart gerührt, dass sie das Gehörte zuerst kaum glauben konnte. Aber dann haben die beiden sich verabredet und wohl lange geredet. Am Ende konnte sich auch Karin dieses Modell richtig gut vorstellen – und der kleine Sven, der freute sich sowieso immer, wenn er die neue »Tante« sah. Er mochte sie, das war offensichtlich. Die beiden Wunschpatinnen wurden am Ende dann doch Taufzeugen, aber in dieser neuen Konstellation war das für alle in Ordnung. Und für mich auch.

Wir erlebten einen tollen, gut besuchten Taufgottesdienst. Und die Feier danach machte großen Spaß, vor allem natürlich dem kleinen Sven. Und auch die Pfarrerin war an diesem Tag mehr als froh. Diese Taufe ist jetzt fünf Jahre her. Sven und seine Patentante sind inzwischen gute Freunde geworden. Und auch Karin ist zufrieden.

Dieses Mal wurde, Gott sei Dank, am Ende doch noch alles gut. Ich habe es aber auch schon ganz anders erlebt. Da haben Menschen wegen der starren Regeln zur Patenschaft von ihrem Taufbegehren Abstand genommen – und sich ganz von der Kirche abgewandt. Das ist mehr als traurig und aus meiner Sicht völlig unnötig. Denn auch wenn die Kirche kein Dienstleistungsunternehmen ist, das allen Bedürfnissen ihrer »Kunden« entsprechen muss, so ist sie doch der Ort, an dem Gottes Liebe gelebt und zugesprochen werden soll, vor allem auch im Sakrament der Taufe. Den Zugang zu dieser elementarsten Begegnung zwischen Gott und einem Menschen sollte die Kirche nicht mit Hindernissen pflastern, die Christus selbst nie gelegt hätte. Der kannte allerdings auch kein »Patenamt«.

Für die Familie des Täuflings ist die Wahl der Paten eklatant wichtig für das Taufgeschehen als Ganzes. Auswahlkriterien wie die zu erwartende Fürsorge und Liebe für das Patenkind sind hierbei immer ausschlaggebend und stehen in ihrer Wertigkeit sehr weit über der Frage, inwieweit eine christliche Erziehung durch den Paten gewährleistet wird. Und die Paten und Patinnen selbst? Wie sehen sie ihr Amt?

Ich habe in den letzten Wochen einige von ihnen dazu befragt. Ein Ergebnis war, dass alle in erster Linie Wert auf eine intensive und liebevolle Beziehung zu ihrem Patenkind legen und viel dafür tun. Es stellte sich auch heraus, dass wenige der Befragten bisher konkrete Schritte unternommen hatten, dem Schützling die Inhalte des Christentums näherzubringen, abgesehen von gemeinsamen Besuchen in der Kirche, vorwiegend an den Feiertagen. Die Wenigsten konnten sagen, welche konkreten Erwartungen die Kirche eigentlich an sie hat, wie das Patenamt »richtig« gestaltet werden soll. Dass es mehr sein soll als hier und da Geschenke und alle drei Monate ein Besuch, war Konsens. Und auch, dass viel gemeinsame Zeit das größte Geschenk ist. Aber wie das gewünschte Mitwirken bei der christlichen Erziehung eigentlich konkret aussehen soll, war nicht wirklich klar. Da hätten sich manche der befragten Paten und Patinnen über etwas mehr Hilfestellung seitens der Kirche schon gefreut.

Erscheint es angesichts der beschriebenen Realitäten nicht angezeigt, dass die Kirche die Zulassungsvorschriften zum Patenamt überdenkt? Ich denke, ja. Denn wir leben in einer Zeit, in der die Institution Kirche für viele Menschen kaum noch Bedeutung hat. Zudem sind die Austrittszahlen hoch. Das heißt bei Taufen: weniger Mitglieder und damit weniger potentielle Patinnen und Paten. Wie soll das denn bei der jetzigen Regelung weitergehen? Es wird für die Tauffamilien immer schwieriger werden, Patinnen zu finden. Zumal auch die christliche Sozialisation von Generation zu Generation immer mehr abnimmt. Es wird zur Abnahme von Taufbegehren kommen und zu einer weiter ansteigenden Zahl von Täuflingen, die dann nur Taufzeugen hätten. Das alles kann in letzter Konsequenz bedeuten, dass die evangelische Kirche sich, wenn sie unflexibel bleibt, für die Zukunft selbst das Wasser abgräbt.

Die Regelung, dass die Patenschaft an eine Kirchenmitgliedschaft gebunden ist, hat auf der anderen Seite natürlich schon seinen Sinn. Es ist keine Vereinsmeierei der Kirche, sondern resultiert aus der Geschichte dieser christlichen Aufgabe. Das Patenamt gibt es seit der frühen Kirche, auch wenn ein Pate dort eine andere Rolle hatte. Seinerzeit wurde nur die Erwachsenentaufe praktiziert. Dabei war der Pate derjenige, der den Taufanwärter kannte und die Ernsthaftigkeit von dessen Taufwunsch vor der Gemeinde bezeugen musste. Die Paten mussten selbst Kirchenmitglied sein und »von untadeligem Ruf«. Mit einer Fürsprache konnte der Anwärter dann in den Taufunterricht gehen und sich mit dem Leben der Gemeinde vertraut machen. Dabei stand ihm sein Pate auch noch zur Seite. Mit der Taufe endete in der frühen Kirche das Patenamt.

Später, so ab dem 6. Jahrhundert, wurde die Kindertaufe zur

Regel, und das Amt des Paten veränderte sich. Jetzt waren sie es, die bei einer Taufe anstelle des Kindes auf die sogenannten Tauffragen des Geistlichen antworteten und für die sittliche und religiöse Erziehung des Kindes zuständig waren. Um das zu gewährleisten, mussten sich die Paten einem Eignungstest unterziehen, bei dem nach fundamentalen Inhalten des christlichen Glaubens und der Kirche und auch nach der eigenen Lebensführung gefragt wurde. Man bezeichnete die Paten in jener Zeit sogar als »Verwandte«. Und auch wenn dies damals vornehmlich im geistlichen Sinn verstanden wurde, konnte diese »Verwandtschaft« doch durchaus zum Problem werden. Dann nämlich, wenn der Pate irgendwann seinen Täufling heiraten wollte. Das war verboten.

Mit der Reformation und dem Beginn der evangelischen Kirche entwickelte sich dort natürlich auch ein protestantisches Verständnis des Patenamtes. Die Ansicht der »Verwandtschaft« wurde verworfen. Die Aufgabe eines Paten blieb aber die gleiche; und dessen Kirchenmitgliedschaft war auch in der Kirche der Reformation selbstverständlich.

Im 18. Jahrhundert etablierten sich unter den Bürgerlichen immer mehr Haus-Taufen, man verlagerte damit die Taufe sozusagen aus der Kirche heraus in den Privatbereich. In jener Zeit veränderte sich der Fokus bei der Auswahl der Paten. Waren es früher fast ausschließlich Familienmitglieder, die das Patenamt übernahmen, wurde jetzt auch im Umfeld nach geeigneten Personen gesucht. Solvente und einflussreiche Paten waren sehr begehrt, um dem Täufling und der Tauffamilie bessere Möglichkeiten in der Gesellschaft zu schaffen. Und nicht zuletzt ging es natürlich um Geld in Form teurer Geschenke. Die Landbevölkerung setzte damals andere Prioritäten. Bei ihr stand bei der Auswahl im Vordergrund, dass der Pate das Kind aufnähme, falls den Eltern etwas passieren würde. Damals war dies, auch rechtlich gesehen, gängige Praxis.

Was sich in all den Jahrhunderten zu keiner Zeit geändert

hat, ist die Anforderung, dass ein Pate selbst Mitglied der Kirche sein muss. Das stellte allerdings früher, im Gegensatz zu heute, kein Problem dar. Denn die Menschen waren gläubig und damit in der Kirche.

Das ist heute definitiv anders, vor allem in den Städten. Wie könnte gerade die evangelische Kirche ein beachtenswertes Zeichen setzen, wie mit Menschen wertschätzender umgehen, die zwar nicht Mitglieder der Kirche sind, aber genauso ethisch verantwortlich leben und handeln, wie ein Christ es tut? Zum Beispiel dadurch, dass sie ein Patenschaftsrecht verabschiedet, das bereitwilligen Nicht- Kirchenmitgliedern die Tür weit öffnet, ohne Angst davor zu haben, dass die eigene protestantische Identität und Tradition aufgeweicht oder gar aufgegeben wird.

Ich denke da an leicht umsetzbare Wege; an Handlungsansätze, die mit kirchlichen Ressourcen arbeiten, die schon da sind. Auf Deutsch: die kein neues Geld kosten, was ja in der Kirche immer der Ablehnungsgrund Nummer eins ist. Bei dem ersten Ansatz beziehe ich mich auf den altkirchlichen »Eignungstest« für Paten-Kandidaten, allerdings in einer modifizierten Form. Man könnte doch ausnahmslos alle, die ernsthaft ein Patenamt übernehmen wollen, an einem solchen »Test« teilnehmen lassen, Nicht-Christen wie Christen. Und wer diese Prüfung besteht, wird bei der Taufe als Pate verpflichtet und in die Taufurkunde als solcher eingetragen, unabhängig von seiner oder ihrer kirchlichen Zugehörigkeit. Dieser Test könnte mit Leichtigkeit aus den in vielfacher Form vorhandenen Glaubensgrundkursen und Taufunterrichtsunterlagen der EKD entwickelt werden. Dieser Weg könnte zudem verhindern, dass Menschen sich nur deshalb taufen lassen, weil sie sonst nicht Pate werden dürfen. Die Taufe ist viel zu heilig, als dass sie zu einer Pflichtübung verkommen darf, selbst wenn das nur in einem einzigen Fall passieren würde.

Dieser modernisierte »Eignungstest« würde auch jenen Menschen entgegenkommen, die zwar aus verschiedensten

Gründen aus der Kirche ausgetreten sind, ihr Christsein aber dennoch bewusst leben. Bei der aktuellen Regelung erlebe ich immer wieder einmal, dass Personen, die aus der Kirche ausgetreten sind, anlässlich einer anstehenden Taufe im Familien- oder Freundeskreis wieder eintreten. Und das nur, um Pate werden zu können. Einige Wochen nach der Taufe treten sie dann wieder aus der Kirche aus. So einen Blödsinn braucht doch kein Mensch. Das macht nur Arbeit und bringt der Kirche gar nichts, außer vielleicht drei Monate mehr Kirchensteuer.

Da ist mein Vorschlag doch wesentlich sinnvoller und zielführender. Zudem eröffnet sich bei diesem Weg eine schöne Chance für die Kirche, gerade auch mit ausgetretenen Christen wieder neu ins Gespräch zu kommen. Jedem potentiellen Paten, woher er auch kommt, wertschätzend gegenüberzutreten und ihn oder sie grundsätzlich ins Patenamt einzuladen, wäre meines Erachtens ein gutes Beispiel von Toleranz und Offenheit. Und es würde sicher auch von den Menschen als solches wahrgenommen und geachtet.

Der entscheidende Nachteil bei diesem Konstrukt wäre, dass diese Möglichkeit unter Umständen zu einem Taufaufschub für das Taufkind führen könnte. Manche Familien wollen oder können das aber nicht, so wie Karin mit ihrem Sven. Für solche Situationen habe ich einen zweiten, aus meiner Sicht gangbaren Weg vor Augen.

Der Pfarrer oder die Pfarrerin könnte im Taufgottesdienst alle als Paten verpflichten, die von den Eltern benannt wurden und bereit sind, diese langjährige Aufgabe zu übernehmen. Dies ginge nur in den Fällen, in denen in einem vorherigen Gespräch mit jedem potentiellen Paten eine verbindliche Einigung darüber getroffen wurde, dass der Pate oder die Patin sich zeitnah in einer Schulung mit den christlichen und kirchlichen Inhalten vertraut macht. Die Teilnahme ist beim Geistlichen nachzuweisen. Klingt vielleicht etwas naiv, weil man ja nicht weiß, ob die sich dann wirklich an die Einigung halten, wenn sie als Paten eingesetzt wurden. Das stimmt, aber so möchte ich nicht rangehen, sondern eher mit Vertrauen zu den Menschen und zu meiner Erfahrung.

Auch hier könnten die vielen christlichen Grundlagenkurse genutzt werden. Deren Kursleiter würden sich über mehr Teilnehmer sicher freuen. Mit dem Gruppensetting würde zudem gleichzeitig ein Begegnungsort geschaffen zwischen den Paten-Kandidaten, die vor der Taufe ihres Schützlings den Eignungstest machen wollen, und denjenigen, die im Nachhinein geschult werden. Sie könnten gemeinsam lernen und sich austauschen. Und es könnten daraus sogar kleine Peer-Groups entstehen, die sich später, sozusagen »on the job«, regelmäßig weiter treffen. Denkbar wäre auch, eine solche »Hinterher-Schulung« online anzubieten, im Modul-System zum Selbststudium. Das käme gerade den Menschen entgegen, die es nicht so mit Gruppen haben, oder auch denen, die durch ihre berufliche Situation nicht regelmäßig zu Schulungen kommen könnten. Neben online auszufüllenden Testbögen könnte ein Austausch mit dem zuständigen Mentor (Ehrenamtliche, Pfarrer) stattfinden, persönlich, oder auch über skype. Wenn ich an meine Gespräche mit möglichen Paten denke, die es wegen der geltenden Kirchenregelung nicht werden konnten, fällt mir keiner ein, der sich nicht auf eine solche Schulung oder Ähnliches eingelassen hätte. Wenn jemand vor einer Taufe eine entsprechende Einigung zur Schulung ablehnen würde, wäre er natürlich raus. Und wenn er oder sie zusagt, aber nicht zeitnah teilnimmt, wäre sicher ein ernsthaftes Gespräch vonnöten, das im schlimmsten Fall auch zur Rücknahme seiner Patenverpflichtung führen könnte. Aber das ist Theorie; ich glaube nicht, dass jemand dem Täufling und dessen Familie so etwas zumuten würde.

Manche Kirchenleute halten meine beiden Wege sicher für nicht genug durchdacht. Sei's drum. Ich habe in meinem Dienst viele konkrete Erfahrungen rund um das Thema Taufe und Patenschaft gesammelt. Und meine Erlebnisse mit den Menschen sind mir Bestätigung genug, dass eine Reform des kirchlichen Patenschaftsrechts nötig ist und meine Lösungsvorschläge durchaus funktionieren könnten. Es sind die Menschen, um die es der Kirche und ihren Entscheidungsträgern laut eigener Aussage an erster Stelle geht. Deshalb hoffe ich hartnäckig auf Veränderung.

Ein Taufanliegen ist für Gott ein großer Grund zur Freude – und für seine Kirche auch. Wenn dann die Eltern auch noch Menschen gefunden haben, die in der heutigen Zeit bereit sind, freiwillig für die nächsten Jahre Mit-Verantwortung für ein Kind zu übernehmen, und das noch im Rahmen eines christlichen Amtes, ist das sicher noch mehr Grund zur Freude.

Taufe und Patenschaft bieten eine große Gelegenheit für die Kirche, im wörtlichen Sinne ganz »nah bei den Menschen« zu sein. Eine lang tradierte kirchenrechtliche Regelung sollte sie nicht schmälern dürfen.

Über das Bestreben der Kirche,
inklusiv zu sein

Es war ein ganz normaler Gottesdienst in unserer Gemeinde, am Sonntagmorgen. Die Kirche war gut besucht, wie immer, wenn Abendmahl gefeiert wurde.

Ich hatte gerade begonnen zu predigen, da kam ein Mann herein, vielleicht so Mitte bis Ende fünfzig. Seinem Aussehen nach zu urteilen, lebte er auf der Straße. Mit zwei vollen Taschen setzte er sich still in die letzte Reihe. Alle Köpfe drehten sich sofort neugierig nach hinten, so dass ich mit meiner Predigt noch einmal neu ansetzen durfte. Denn ich wollte ja schließlich die ungeteilte Aufmerksamkeit der Gemeinde. Der Gottesdienst ging weiter, es wurde aber deutlich unruhiger als vorher. Denn die Menschen in der vorletzten Reihe wechselten nach und nach den Platz; am Ende saß unser Gast mit seinen zwei Tüten mutterseelenallein da hinten. Eine Frau gab mir ein Zeichen; sie hielt sich die Nase zu und zeigte durch eine Kopfbewegung nach hinten. O.k., verstanden, der Mann roch nicht nach Rosenwasser. Dann begann ich die Abendmahlliturgie.

Es war üblich, dass die Menschen zum Abendmahl nach vorne kamen und in einem Kreis standen. Reihum wurden Brot und Kelch einander weitergereicht. Wer aus Hygienegründen nicht aus einem Becher mit anderen trinken wollte, konnte das

43

Brot eintunken und das »Blut Christi« so aufnehmen. Am Ende fassten sich alle an den Händen und empfingen ein Segenswort. Heutzutage feiern viele evangelische Gemeinden das Mahl ohne Alkohol, also nur mit Saft. Das war bei uns anders, es gab bei den Feiern abwechselnd mal Saft, mal Rotwein. An diesem Sonntag war Rotwein dran.

Der stille Besucher aus der letzten Reihe folgte der Einladung zum Tisch des Herrn auch ganz selbstverständlich und stand nun mit im Kreis. Tja, da mussten meine Lieben jetzt durch. Und so schlimm roch er gar nicht, fand ich. Als der Kelch mit dem Wein zu ihm kam, setzte er ihn an und trank ihn mit einem Zug fast leer. Und mit einem »Prost« kriegte ich den Silberkelch zurück, zum Auffüllen, versteht sich. Ich gebe zu, ich hätte am liebsten schallend losgelacht, aber Frau Pfarrerin bewahrte natürlich Contenance. Die andächtige Stille im Altarraum war aber trotzdem dahin. Vielen Gemeindemitgliedern stand ihre Fassungslosigkeit und Entrüstung ins Gesicht geschrieben. Dem Mann aber ging es definitiv gut, er strahlte in die Runde.

Ich fuhr mit dem Abendmahl und dem Gottesdienst einfach fort wie gewohnt. Bei der Kollekte konnte ich dann sehen, dass manche argwöhnisch beäugten, was der fremde Mann tat, als der Klingelbeutel bei ihm vorbeikam. Vielleicht fürchteten sie, dass er etwas rausnimmt oder mit dem ganzen Ding türmt. Aber er tat etwas Geld hinein, genauso, wie (fast) alle anderen. Nach dem Gottesdienst boten wir, wie immer, noch Kaffee und Kekse für alle an. Auch dieses Mal blieben einige da, der besondere Besucher auch. Er sprach nicht und es sprach ihn auch keiner an. Er trank einen Kaffee und verabschiedete sich dann höflich. Mir sagte er noch voller Freude: »Ich komme jetzt öfter zu Ihnen in die Kirche.«

Aber kaum war er draußen, ging es los. Sie ahnen es vielleicht schon. Es wurde um die Wette gemeckert; über seine Kleidung, seinen Geruch, sein »Mitten in den Gottesdienst Platzen« –

vor allem aber über sein unmögliches Verhalten am Tisch des Herrn. Schließlich sei das Abendmahl ein Sakrament, ein heiliges Geschehen in unserer Kirche und keine Runde für Trinker. Die Gemeindemitglieder ließen Dampf ab – aber dabei blieb es nicht. Ich wurde auch gleich ins Gebet genommen: Ich hätte den Mann zurechtweisen und ihn darauf hinweisen müssen, dass er, wenn er das nächste Mal käme, geduscht sein müsse und sich im Hause Gottes »ordentlich« zu benehmen hätte. Schließlich gäbe es doch genug Einrichtungen für »solche« Leute, wo er sich pflegen und einkleiden könnte. Es wurde an diesem Sonntag ein lebhafter Kirchenkaffee ... mit einer langen Diskussion über Offenheit und Begrenzung in der Kirche.

Diesen Mann sahen wir übrigens dann doch nicht wieder, er war wohl weitergezogen. Dafür kamen andere: Wohnungslose, Drogensüchtige, Alkoholiker, psychisch kranke Menschen, HIV-Positive – und andere. Es kam in meinen Dienstjahren auch durchaus vor, dass jemand im Raum stand und verkündete, er sei Jesus oder Johannes der Täufer oder die Jungfrau Maria.

Besonders in den Großstädten sind ungewöhnliche Besucher in den Kirchengemeinden keine Seltenheit. Seitdem sich zum Beispiel die »gemeindenahe« Psychiatrie vor vielen Jahren gegen ausgelagerte Anstalten durchgesetzt hat, was ich sehr begrüße, erleben wir auch in der Kirche viel mehr seelisch angeschlagene Menschen. Das ist gut so und kann sehr bereichernd für alle Beteiligten sein, wenn eine enge Zusammenarbeit zwischen der Klinik und der Gemeinde vor Ort gelingt. Denn dann können gegenseitige Berührungsängste abgebaut werden, und die Gemeinde kann mit Hilfe des Personals von Stationen und Tageskliniken lernen, wie sie mit den jeweiligen Besuchern und ihren Krankheitsbildern angemessen umgehen kann.

Doch wie reagiert die breite Basis in den Kirchen, wenn sogenannte Randständige dieser Gesellschaft regelmäßiger in ihre Veranstaltungen und Kreise kommen? Wie zeigt sich dann die christliche Brüderlichkeit und die Liebe zum Nächsten, und zwar zu *jedem* Nächsten? Nicht nur zu denen, die in ihrem Habitus einigermaßen zur Kerngemeinde »passen«?

Ich erlebe in dieser Hinsicht seit vielen Jahren eine Unsicherheit bei den Menschen in den Ortsgemeinden. Und auch deutliche Vorbehalte. Denn, mal im Ernst, manches Geschöpf, das zur Tür hereinkommt, ist eine zu große Herausforderung, wenn es dann alle Abläufe sprengt. Für manchen Christen, dem die Tradition und die Sakramente heilig sind, stellt es gewiss einfach einen Affront dar, wenn jemand den Abendmahlskelch an den Hals setzt wie eine Schnapsflasche und dann noch »Prost« sagt. Ich kann gut verstehen, dass es diesen Gläubigen dann schwerfällt, ein ehrlich gemeintes »Willkommen« auszusprechen.

Andererseits sollten Christen sich natürlich auch immer fragen, wie Jesus wohl mit einer entsprechenden Situation umgegangen wäre. Denn schließlich ist ER der Herr der Kirche und auch des Abendmahls. Nehmen wir doch einmal an, er wäre mit in unserem Kreis gewesen, an jenem Sonntagmorgen. Was hätte er gesagt oder getan? Hätte er gelacht? Vielleicht. Hätte er den Mann nach seinem Glauben und seinem Verständnis des Abendmahls gefragt? Das ganz sicher nicht, denn an seinem Tisch ist ohne Ausnahme jeder und jede willkommen, egal, wo die Person herkommt oder wie sie lebt. Vielleicht hätte Jesus ja auch gestört, dass der Mann nichts im Kelch übriggelassen hat für seinen Nebenmann. Unwahrscheinlich! Jesus weiß, dass seine Kirche immer genügend Wein in der Sakristei stehen hat.

Jesus ging es beim Einsetzen des Abendmahls um ein Zeichen des Gedächtnisses seines Kommens und um ein Ritual der Gemeinschaft, mit Gott und untereinander. Er setzte dieses Mahl vor seiner Verhaftung im Garten Gethsemane ein, als einen Akt des Teilens, als eine Versammlung, in der miteinander gegenseitiges Annehmen gelebt wird. Jesus ging es nie um Konventionen, und er stellte sich auch mehr als einmal gerade gegen kultische Regeln. Zum Beispiel, als er seine Jünger am Sabbat Ähren sammeln ließ, obwohl dies nach den religiösen Gesetzen verboten war. Als die Kirchenführer ihm das vorwarfen, sagte er nur: » Der Sabbat ist für den Menschen da, nicht der Mensch für den Sabbat.« (Mk 2,27). Mit dem Abendmahl wollte er seinen Freunden und Nachfolgern etwas hinterlassen, das an ihn erinnert. Und mit Kelch und Brot soll die christliche Gemeinde auch heute ihren Blick und ihr Herz auf ihn richten, auf sein Leben und Sterben am Kreuz, auf seine Ethik und sein Vorbild. Das bedeutet meines Erachtens auch, gerade in der Feier des Mahls, den Nachbarn im Kreis mit Gottes Augen zu sehen und ihn so, wie Christus es tat, anzunehmen, wie er eben ist.

Doch, ich glaube, Jesus wäre »unserem« Mann und seinem »Prost« mit liebevollem Verständnis begegnet und hätte voll göttlicher Gelassenheit vielleicht sogar so etwas gedacht wie: »Der hatte eben einfach Durst.«

Ich gebe zu, so etwas wie Gleichmut geht auch mir in meinem dienstlichen Alltag manchmal leider ab, weniger am Tisch des Herrn, aber zum Beispiel dann, wenn sich ein psychisch erkrankter Mensch in seiner manischen Phase vor dem Altar nackt auszieht, oder wenn ein Betrunkener meine Trauerrede auf dem Friedhof mit lautstarken Kommentaren sprengt. In diesen Situationen tue ich mich mit der von Jesus geforderten Nächstenliebe genauso schwer wie manche Gemeindemitglieder es an jenem Sonntag mit dem Gast taten. In solchen Fällen ist mein einziges Bestreben, zwar nicht den Menschen, aber doch die »Störung« möglichst schnell und elegant loszuwerden. Da sollte ich noch einiges dazulernen, glaube ich.

Ich muss in diesem Zusammenhang an eine Situation bei einem Gottesdienst in Berlin-Spandau denken. Es war sehr voll und der Kollektenkorb ging durch die Reihen. Als er, schon gut gefüllt, zu jemandem kam, dem es offensichtlich gerade nicht gut ging, sah ich, dass der sich 20 Euro aus dem Korb herausnahm. Alle Gemeindemitglieder um ihn herum hatten das natürlich mitbekommen, aber keiner reagierte darauf, weder mit Blicken noch mit Worten. Der Korb wanderte einfach weiter. Am Ausgang wartete ich darauf, dass die Leute sich bei mir über diesen Mann beschwerten oder Dampf abließen. Aber es kam nichts dergleichen. Einer sagte nur beiläufig und völlig gelassen: »Du, Ute, heute war einer dabei, der wohl Geld gebraucht hat. Jedenfalls hat er sich etwas von der Kollekte genommen. Aber es ist ja noch genug da.« Coole Haltung, chapeau!

Grundsätzlich freuen sich ja die meisten Kirchengemeinden über Zuwachs und verstehen sich nicht als exklusiver Zirkel. Tatsächlich aber sind die sogenannten »Bedürftigen« oder »Randgruppen« heutzutage oft aus dem Alltag vieler Gemeinden verschwunden, auch aus den Gottesdiensten. Ich glaube nicht deshalb, weil sie grundsätzlich nicht gewollt werden, sondern vor allem deshalb, weil die Diakonischen Werke mit ihren vielen Angeboten und Einrichtungen sehr segensreiche Arbeit machen und diesen Menschen einen Raum bieten. Sie finden in den Häusern und Beratungsstellen nicht nur konkrete Hilfen, sondern eine verlässliche Anlaufstelle und auch geistlichen Beistand. Und sie treffen dort auf andere, denen es ähnlich geht wie ihnen selbst, sind also nicht allein, wie vielleicht in mancher letzten Reihe eines Kirchsaales. Diese Werke der Diakonie sind sehr wertvoll und nicht mehr wegzudenken. Und auch für die Seelsorgerinnen und Seelsorger der Gemeinden ist es eine große Hilfe, Menschen im Krisenfall an diese professionellen Stellen vermitteln zu können.

Doch mit den Jahrzehnten manifestierte sich, mit dem Wachsen dieser Werke, auch eine gewisse Entfernung zwischen dem alltäglichen Leben einer Ortsgemeinde und der Arbeit im Bereich der diakonischen Aufgaben und Herausforderungen. Etwas spitzer formuliert: »Bedürftige« Menschen sind nicht mehr in erster Linie als Gemeindemitglieder im Blick, sondern eher als Menschen, um die sich an anderer Stelle »gekümmert« wird. Doch Diakonie und Kirche gehören untrennbar zusammen, Verkündigung und Dienen verkörpern je eine Hand Gottes, die er der Welt liebevoll entgegenstreckt bzw. durch sein Bodenpersonal entgegengestreckt haben will.

Früher gab es kirchliche Mitarbeiterinnen, die den Dienst der Gemeindeschwester taten. Sie besuchten die Kranken und kümmerten sich um die Behinderten, Alten und Armen im Gemeindegebiet. Diese Arbeit war integriert in das wöchentliche Gemeindeleben, Angebote wie Armenspeisung und Kleiderkammer fanden sichtbar im Kirchsaal oder in anderen Gemeinderäumen statt. Daher war es auch selbstverständlich, dass die von der »Schwester« betreuten Menschen mittendrin in der Kirche saßen, unabhängig davon, in welcher Weise sie eingeschränkt oder in welcher Hinsicht sie eben »anders« waren. Und dass sie natürlich mit zum Abendmahl gingen, auch wenn sie einmal komisch rochen oder sich merkwürdig verhielten. Sie gehörten dazu, und entsprechend wurden sie auch behandelt. Von Senioren hörte ich manches Mal von jener Zeit. Sie erzählten dann von einem gewissen Peter, der es »nicht leicht hatte«, oder von jener Ingrid, die ein bisschen »eigen« war. Oder auch von Herrn Ritter, »der uns beim Gottesdienst manchmal ganz schön Nerven gekostet hat«.

Auf meine Frage, was der denn genau getan hätte, kam dann nur ein warmherziges »Na, der war eben im Kopp nich janz alleene«. Ich erfuhr auch, dass jene Ingrid sehr gut singen konnte, dass sie im Chor immer die Soli machte. Und dass besagter Peter am allerliebsten im Kindergottesdienst half, weil ihn das immer aufheiterte. Und die Kinder, die hätten ihn sehr gemocht. Berichte wie diese gefallen mir sehr. Es hört sich an, als ob früher die Menschen am gesellschaftlichen Rand, die Minderheiten, in der Kirchengemeinde angenommen und mittendrin waren. Es klingt, als wären diese Menschen weniger über ihre Defizite definiert worden als es heute oft der Fall ist. Und danach, dass

»Bedürftige« nicht nur als »Betreuungsfall« fürsorglich unterstützt wurden, sondern dass sie ihre Möglichkeiten und Gaben im Gemeindeleben aktiv einsetzen konnten.

Ob das wirklich immer so war, vermag ich natürlich nicht zu beurteilen. Aber es würde mir sehr gefallen, wenn das stimmte – und es auch heute überall so sein könnte. Der Weg zu mehr Inklusion in der EKD ist ja heute klar erkennbar. Vielleicht erlebt die »Gemeindeschwester« auch wieder ein kleines Comeback. Ich weiß von einer konkreten Gemeinde, die jetzt wieder eine einstellt. Ob es nur die eine ist oder ob sie für eine Tendenz in der EKD steht, kann ich nicht sagen. Wir könnten sie sicher überall gut brauchen.

Es gibt schon seit vielen Jahren einen anderen begrüßenswerten Ansatz, die Diakonie wieder mitten hinein in den Gemeindealltag zu nehmen: die Initiative »Laib & Seele«, bei der Kirchengemeinden Essensspenden von Händlern und aus der Gastronomie bekommen – und dann einmal in der Woche an Menschen mit wenig Lebensunterhalt weitergeben. Dies geschieht zum Beispiel in Berlin in enger Zusammenarbeit mit der Berliner Tafel und dem Rundfunk Berlin Brandenburg (RBB). Die Ausgabe findet grundsätzlich in kircheneigenen Räumen statt, so dass die Besucher in den beteiligten Ortsgemeinden mehr und mehr als dazugehörig angesehen werden. Es finden zudem viele Gespräche zwischen den Menschen vor und hinter dem Ausgabetresen statt, Vertrauen und Beziehungen können sich aufbauen. Und aus eigener Erfahrung weiß ich, dass ehrenamtliche Helfer die Besucher von Laib & Seele auch immer wieder einmal zu Gemeindeveranstaltungen mitbringen. Auf der anderen Seite haben nur ganz wenige der »Bedürftigen« abgelehnt, wenn sie mal gebeten wurden, irgendwo für die Gemeinde mit anzupacken.

Ich glaube aber, dass ein völlig uneingeschränktes »Willkommen für alle« in den Kirchengemeinden aktuell nicht von heute auf morgen umgesetzt werden könnte. Das wäre meines Erachtens eine glatte Überforderung, für alle Seiten. Denn wenn sich Menschen mit eklatant unterschiedlichen Lebenswirklichkeiten begegnen, ist es doch schon ein längerer Prozess, sich überhaupt gegenseitig etwas kennenzulernen. Um als Gemeindemitglied etwa zu erfahren, dass dieser Wohnungslose nicht nur ein ungepflegter trinkender Mensch ist, sondern eine Persönlichkeit mit vielen Facetten und Ressourcen. Und als Wohnungsloser zum Beispiel zu sehen, dass der Mann da mit dem Schlips nicht nur ein wohlgenährter Besserverdiener ist, sondern auch eine ganz vielschichtige Person.

Berührungsängste, Vorurteile und Ängste vor dem Andersartigen lassen sich nicht einfach abstellen, auch bei den besten Vorsätzen nicht. Sie können sich nur nach und nach verlieren, durch gemeinsame Erfahrungen und durch Gespräche miteinander. Gemeinsame Projekte, vor allem Feste, eignen sich hier nach meiner Erfahrung hervorragend. Am Grill sind alle Männer Verbündete. Das ist ein ungezwungener Rahmen, in dem man sich gegenseitig erst einmal beschnuppern kann. Und mit der Zeit kann sich im Idealfall etwas Gemeinsames daraus entwickeln, ohne dass sich einer dafür verbiegen musste.

Menschen brauchen Räume der Freiheit und sie verdienen Achtung. Es gibt aber auch in einer aufgeklärten Welt genug Leute, denen beides von anderen Menschen verwehrt wird, die auch heute noch benachteiligt sind oder sogar ausgegrenzt werden. Und das sind nicht nur sogenannte »Bedürftige«. Das sind auch beispielsweise Menschen in gleichgeschlechtlichen Partnerschaften, alte Menschen, ehemalige Straftäter, HIV-Positive oder auch Geflüchtete.

In Zeiten der zunehmenden gegenseitigen Aggression in der Bevölkerung – und des Terrors von außen – suchen Menschen zunehmend Schutz und achtsame zwischenmenschliche Beziehungen. Gerade der Raum Kirche, der sozusagen qua Amtes für Zugewandtheit, Wertschätzung und Akzeptanz steht, sollte für jeden von ihnen, der ihn aufsucht, ein ehrliches und großes »Willkommen« bereithalten.

Die EKD betont in offiziellen Stellungnahmen gern, wie sehr sie sich in punkto »Willkommenskultur« für die Flüchtlinge engagiert. Es würde viel unternommen, um Geflüchteten das Ankommen in unserem Land zu erleichtern. Es stimmt, viele Christen in den Ortsgemeinden agieren hier absolut vorbildhaft, ohne Frage. Einzelne oder Familien übernehmen Patenschaften oder stellen Wohnraum zur Verfügung oder schaffen im Kirchsaal einen Raum der Begegnung. Etliche setzen sich politisch für diese Menschen ein, manche initiieren interkulturelle Aktivitäten oder helfen beim Erlernen unserer Sprache. Und die EKD als Ganzes leistet finanzielle Unterstützung, damit die Ankommenden mehr und mehr am Leben in Deutschland teilhaben können. Und damit sie ein Zuhause in der christlichen Gemeinde finden können, wenn sie es wollen.

Wie könnte die Kirche ein ähnlich hohes Engagement auch im Blick auf andere zeigen, die Leidvolles hinter sich haben, Ressentiments oder sogar Gewalt ausgesetzt sind? Zum Beispiel diejenigen, die eben nicht heterosexuell leben, sondern homosexuell, transsexuell oder auch intersexuell. Denn allein, dass die evangelische Kirche offiziell offener gegenüber lesbisch und schwul lebenden Menschen geworden ist und auch die gesellschaftliche Akzeptanz fortgeschritten ist, heißt doch noch lange nicht, dass sie keine Diskriminierung mehr erleben. Und das beileibe nicht nur aus der »rechten« Ecke.

Die evangelische Kirche könnte meines Erachtens generell für ihre Willkommenskultur noch deutlich mehr tun und damit Zeichen setzen. Der Beschluss zum Beispiel, gleichgeschlechtlichen Paaren ebenso wie heterosexuellen Paaren die kirchliche Trauung zu gestatten, wurde erst in dreien von insgesamt zwanzig Landeskirchen in Deutschland als Gesetz umgesetzt. Das bundesweit zu tun, auch wenn jede Landeskirche autonom

ist, wäre ein echtes Ausrufezeichen. Oder das Gleiche für transsexuell lebende Menschen auf den Weg zu bringen. Oder zumindest überhaupt erst einmal auf breiter Ebene darüber zu
reden – und nicht nur in der Landeskirche Hessen-Nassau.

In erster Linie gilt es aber, auch als einzelne Christin oder
einzelner Christ hier ein herzliches »Willkommen« auszusprechen. Denn gerade die Kirche hat doch an vielen dieser Menschen etwas gutzumachen. Wie lange hatten auch Protestanten
alle Liebes- und Lebensweisen außer der Ehe zwischen Mann
und Frau abgewiesen und für Homo- und Transsexualität nur
Worte gefunden wie »Krankheit« oder »böser Geist«.

Aber kann man so ein »Willkommen« von jedem Christen
fordern? Sicher nicht. Protestantische Freiheit heißt auch, dass
es einzig und allein Sache des Einzelnen ist, sich seinem Glauben gemäß zu positionieren. Und noch heute sehen eben etliche
Gläubige andere Lebensweisen und Partnerschaftskonstellatio-
nen nicht als genauso gottgewollt an wie die heterosexuelle mit
ihrer Ehe. Das respektiere ich, solange die Menschen, die anders
leben, nicht von ihnen diskriminiert werden, weder im Kleinen
noch im Großen.

Nach meinem Verständnis steht das göttliche Gebot der
Nächstenliebe immer im Vordergrund, wenn es um eine ernst
gemeinte »Willkommenskultur« der Kirche geht. Denn wenn
jemand sich unserem Gott nähern möchte, das aber nur deshalb
nicht tut, weil er die Ablehnung der Kirche fürchten muss, dann
wäre das für mich eine schlimme Sache.

Es gibt einige beachtenswerte Publikationen der EKD zu
Fragen des kirchlichen Willkommens und der in ihr gewollten
Inklusion aller Menschen. Da ist zum Beispiel eine Denkschrift
aus dem Jahr 2006 mit dem Titel »Gerechte Teilhabe; Befähigung zu Eigenverantwortung und Solidarität«. Oder die Orientierungshilfe »Im Alter neu werden können. Evangelische
Perspektiven für Individuum, Gesellschaft und Kirche« aus

dem Jahr 2009 und natürlich die Publikation »Es ist normal, verschieden zu sein; Inklusion leben in Kirche und Gesellschaft«. Diese Schrift ist aus dem Jahr 2014. Alle Texte sind online verfügbar.

»Inklusion« ist ja inzwischen ein gängiger Begriff geworden. Viele Menschen, die ihn hören, denken dabei erst einmal an den Bildungsbereich, vor allem die Schule. An Klassen, in denen Kinder mit und ohne Einschränkungen zusammen lernen. In der Debatte zur Inklusion in Politik und Wirtschaft geht es zudem um die gleichwertige Behandlung körperlich und geistig Behinderter in der Arbeitswelt. Inklusion ist seit Jahren ein großes Thema, und das weit über Deutschland hinaus. Denken wir zum Beispiel an die UN-Behindertenrechtskonvention aus dem Jahr 2008.

Diese Konvention ist ein völkerrechtlicher Vertrag, der seit seiner Ratifizierung durch die deutsche Regierung im Jahr 2009 bei uns den Rang eines Bundesrechts hat. Dieser Vertrag verbrieft noch einmal die Menschenrechte von Menschen mit Behinderungen und zu deren spezifischer Lebenssituation. Und er verpflichtet den Staat explizit, mehr Teilhabemöglichkeiten für die Betroffenen im gesellschaftlichen Leben zu schaffen.

Doch was ist damit eigentlich genau gemeint, mit dieser »Inklusion«? Inklusiv ist eine Gesellschaft, wenn sie jeden Menschen gleich wertschätzt und akzeptiert. Und ihn gleichberechtigt und selbstbestimmt an ihr teilhaben lässt. Das gilt umfassend, also unabhängig von Geschlecht, Alter, Herkunft, Religionszugehörigkeit und auch Bildung, vorhandenen Einschränkungen oder anderen individuellen Merkmalen. Es gibt keine definierte Normalität in einer inklusiven Gesellschaft, normal ist allein, dass Menschen verschieden sind und gerade dies als Bereicherung aufgefasst wird.

Die EKD setzt sich schon längere Zeit mit dem Thema Inklusion auseinander, insbesondere und ausführlich in der Orientierungshilfe von 2014. Die Autoren haben sich, auf dem Hintergrund der UN-Behindertenrechtskonvention und den daraus entstandenen Handlungsbedarfen, mit einer Umsetzung dieser Leitlinien in der eigenen Kirche und in der Diakonie befasst, aber auch mit der Verwirklichung im gesamten Gemeinwesen. In die Überlegungen wurden verschiedene Experten, auch aus anderen Fachrichtungen, intensiv miteinbezogen.

Der Vorsitzende des Rates der EKD, Dr. Dr. Bedford-Strohm, schreibt zum Ziel dieser kirchlichen Schrift im Vorwort: »Mit der vorliegenden Orientierungshilfe möchte der Rat (der EKD) Menschen in Kirche und Diakonie, aber auch politische Verantwortungsträger und persönlich Betroffene ermutigen, sich in den Diskurs um eine inklusive Weiterentwicklung des Gemeinwesens einzubringen. Mut und Kreativität sind dabei genauso gefragt wie Professionalität und ein sensibler Umgang mit Vielfalt. Wie so oft ist dabei gute Praxis in der Regel das beste Argument der Kirche in dieser Debatte. Wo Kirche und Diakonie mit inklusiven Projekten Zeichen setzen, können sie im Horizont ihrer zentralen Glaubensbotschaft Rückenwind für eine inklusive Gestaltung der Gesellschaft geben.«

In erster Linie wendet sich die Publikation an die »eigenen Leute«, an die Haupt-und Ehrenamtlichen. An diejenigen, die an der Basis, das heißt in Gemeinden, Kirchenkreisen und Diakonie, tätig sind – und an jene, die gesamtkirchlich Verantwortung tragen. Die hier gemachten Ausführungen und auch die Anregungen für die Praxis sind wirklich beachtenswert. Gleichwohl wünsche ich mir, dass die evangelische Kirche nicht nur »inklusive Projekte als Zeichen setzt«, wie es dort im Text an einer Stelle heißt, sondern dass es ihr Selbstverständnis ist, in jeder Hinsicht eine »inklusive« Kirche zu *sein*. Denn der Grund dafür liegt ja in letzter Instanz nicht in den Leitlinien der UN, so wichtig sie auch sind, sondern da, wo alle Handlungsmaximen der Christenheit zu finden sind: in den biblischen Aussagen und Geboten.

Die dort bezeugte Gottesebenbildlichkeit jedes Menschen und die uneingeschränkt allen zugesprochenen Rechte auf Würde und Achtung, auf Freiheit und Selbstbestimmung, auf Teilgabe und Teilhabe, sind für eine Kirche, die sich auf Gott und Jesus Christus beruft, verpflichtend. Und diese Aussagen gehen weit über die genannte UN-Behindertenrechtskonvention hinaus. Sie gelten in jeder denkbaren Konstellation: im Miteinander von Armen und Nicht-Armen, von Geflüchteten und Einheimischen, von Männern und Frauen, von Süchtigen und Nicht- Süchtigen, von Heterosexuellen und Homosexuellen usw.

Die Bibel kennt eine umfassende Inklusion. Sie zu leben, so oft es geht, das ist nicht nur eine Pflicht für unsere Kirche, sondern auch eine große Chance, in den eigenen Reihen, aber auch in die Gesellschaft hinein beispielhaft zu wirken, ein stückweit vielleicht sogar vorbildhaft.

Das bekannteste biblische Bild für die inklusiv gedachte christliche Kirche findet sich im Neuen Testament. Der Apostel Paulus beschreibt in einem seiner Briefe die Gemeinde als einen lebendigen Organismus, als einen Körper, dessen Haupt Jesus Christus selbst ist. Die einzelnen Glieder dieses Leibes sind die glaubenden Menschen. Jeder und jede ist ein Teil davon, ungeachtet dessen, wie alt er ist, welchen Geschlechtes, wo er herkommt oder wie er gesellschaftlich gesehen dasteht. An diesem Leib ist keiner genauso wie der andere, diesen Organismus macht eine große Vielfalt aus. Und genau so, in seiner Verschiedenheit, ist er von Gott gewollt. Und doch ist er eine Einheit, ein Verbund von Teilen, die alle gleichermaßen voneinander abhängig sind. Es gibt keine lebenswichtigen und weniger notwendigen Elemente, keine hervorgehobenen und zu vernachlässigenden. Jedes Glied am Leib Christi ist bedeutend und einzigartig, aber nur im guten Zusammenspiel ist der Organismus lebens- und handlungsfähig. Paulus zeigt in seinem Bild deutlich, wie tief die Bindung in einer christlichen Gemeinde ist oder zumindest gedacht ist.

Paulus beschreibt in seinem Bild nichts anderes als Inklusion, das gleichberechtigte Teilhaben und Teilgeben aller Beteiligten. Im Haus Gottes wird jeder von den anderen gebraucht und jeder braucht selbst gleichermaßen die anderen.

Eine inklusive Kirche leben bedeutet zudem, dass keiner sich als besser gestellt begreift, nur weil er vielleicht die »Niere« am Leib ist und nicht der »kleine Zeh«. Und keiner wird stigmatisiert. Allen Gliedern gebührt die gleiche Ehre, sagt der Apostel Paulus.

Während ich das schreibe, denke ich: welch eine Utopie! Um dieses Leitbild der Bibel erfüllen zu können, hätte Gott uns Menschen vielleicht anders ausstatten müssen. Denn Gefühle wie Neid, Ehrgeiz, Stolz, Konkurrenzdenken und Narzissmus finden sich nicht nur in unserer immer härter werdenden »Ellenbogen«-Gesellschaft, sondern auch hinter den geschlossenen Türen einer Kirchengemeinde.

Von der ersten christlichen Gemeinde wird in der Apostelgeschichte im Neuen Testament Folgendes berichtet:

»Die Christen widmeten sich alle eifrig dem, was für sie als Gemeinde wichtig war: Sie ließen sich von den Aposteln unterweisen, sie hielten in gegenseitiger Liebe zusammen, sie feierten das Mahl des Herrn, und sie beteten gemeinsam. Alle, die zum Glauben gekommen waren, bildeten eine enge Gemeinschaft und taten ihren ganzen Besitz zusammen.
(...) Sie priesen Gott und wurden vom ganzen Volk geachtet.« (Apg, 2)

Man möchte fast sagen: »Und wenn sie nicht gestorben sind ...«. Aber die Bibel ist kein Märchenbuch. Auch wenn dieser Bericht sicher etwas geschönt ist, er beschreibt die ursprünglich gelebte Einheit der Christen. Und es heißt ja auch im Text, dass die damalige Gesellschaft davon beeindruckt war und die Leute sehr wertschätzend über diese Anhänger des Jesus sprachen.

Waren diese Christen am Anfang fähiger als die neuzeitlichen, die sich in verschiedene Konfessionen und Gemeinschaften mit teilweise unterschiedlicher Lehre gesplittet haben? Das glaube ich nicht, das waren auch nur normale Menschen. Und natürlich kam es in den frühen Gemeinden auch zu schweren Konflikten. Man stritt sich um theologische Fragen, über die Gleichberechtigung von Judenchristen und Heidenchristen, über den Umgang mit Finanzen und auch über Posten und Pöstchen. Kurz gesagt: Es menschelte auch da schon sehr.

Dies verstärkte sich um so mehr, je mehr Gemeinden und christliche Lehrmeinungen entstanden. Auch die Institutionalisierung der Kirche brachte einige Probleme mit sich. Eine Amtskirche mit ihrem Verwaltungsapparat, mit ihren Regeln und mitunter in Stein gemeißelten hierarchischen Strukturen, mit ihrer diskutablen Personal- und Finanzpolitik, lässt das Bild des Paulus als schönes, aber kaum umsetzbares Modell erscheinen. Das würde Paulus nicht gefallen, denke ich.

Sein Bild vom Leib Christi, vom Organismus Kirche, steht der Christenheit aber dennoch seit den Anfängen vor Augen – und bleibt immer gleich aktuell. Es fordert die Kirche Christi heraus, auch unsere heutige Kirche der Reformation, die gerade so intensiv ihr Jubiläum und sich selbst feiert und einen großen Kirchentag abhält, der für seine knapp fünf Tage circa 22 Millionen Euro verschlang.

Viele Christen an der Basis kirchlicher Arbeit bemühen sich redlich darum, die Herausforderung des Apostels jeden Tag neu anzunehmen. In Bezug auf ihren Umgang miteinander, also als »Schwestern« und »Brüder« , aber gerade auch in Bezug auf diejenigen, die zur Gemeinde dazustoßen.

Große Programme oder Konzepte zur Inklusion in der Kirche sind meines Erachtens nur bedingt erfolgversprechend, denn sie bleiben im Theoretischen. Respekt, Offenheit und gegenseitiges Vertrauen im alltäglichen Leben, dies sind die Schlüssel zu einer einmütigen und inklusiven Kirche. Das Sich-Einlassen auf einen Menschen, der vielleicht so ganz anders tickt als ich, das ist dabei sicher auch ein Wagnis.

Jeder Mensch ist ein soziales Wesen und braucht ein Gegenüber. Hier sollte sich die Kirche zur Verfügung stellen. Denn Isolation macht jedem Menschen zu schaffen, besonders aber denen, die sich selbst sowieso schon im gesellschaftlichen Abseits wahrnehmen. Wer in der gesellschaftlichen Mitte lebt und nicht im sozialen Bereich arbeitet, mag jetzt stutzen. Denn gerade die Randständigen, arbeitslose Trinker zum Beispiel, sind doch fast immer nur in Gruppen zu sehen, an U-Bahn-Eingängen, vor Supermärkten oder in Parks. Und Wohnungslose sind doch auch oft zu mehreren zusammen oder liegen gemeinsam an einem Schlafort, sind also wohl kaum isoliert. Doch dieses scheinbare Miteinander ist ein trügerisches Bild. Denn nach meinen Erfahrungen verbindet diese Grüppchen kaum eine tragfähige Beziehung.

Ich habe über Jahre intensiv mit Alkoholiker-Gruppen zu tun gehabt und konnte immer wieder erleben, wie sie miteinander agierten. Ich habe zum Beispiel jahrelang eine Tagesstätte für Wohnungslose geleitet, die wir kurz nach dem Mauerfall in Ost-Berlin aufgebaut hatten. Dort habe ich jeden Tag erfahren, wie sich ihr Umgang miteinander beim »Platte machen« gestaltet. Die Gäste erzählten mir, dass sie sich beim Schlafen nur aus Notwendigkeit zusammenfinden. Zu mehreren würden sie sich einfach sicherer fühlen, insbesondere vor rechten Schlägern, die nachts gezielt nach ihnen suchen, um sie aufzumischen. Und im Winter, da sei es zusammen natürlich auch wärmer. Aber so ein Grüppchen hätte auch eine Kehrseite. Es kann nämlich leicht passieren, dass einer den anderen beklaut und dann abhaut – besonders dann, wenn Alkohol da ist.

An den Trinker-Treffpunkten wurde oft tüchtig gefeiert und gemeinsam aus der gleichen Flasche getrunken. Und Einzelne fanden sich phasenweise auch als Liebespaar zusammen. Aber genauso oft wurde auch übelst gestritten. Dann und wann flogen tatsächlich auch Steine aufeinander. Einmal beging ich den Fehler, dazwischenzugehen, das mache ich sicher kein zweites Mal. Denn im volltrunkenen Zustand war es egal, wer da vor ihnen stand und sich einmischte. Solche Gruppen sind heterogene Zweckgemeinschaften, die sich treffen, um im öffentlichen Raum zu trinken, und das nicht allein.

Es gab immer wieder einige, die wir als Gemeinde ansprechen konnten, und ein paar hielten relativ kontinuierlich mit uns Kontakt, machten auch punktuell bei Aktionen mit. Aber oft genug wurden sie von anderen aus ihrer Truppe dafür schräg angemacht. Und dann kamen sie immer seltener. Es war sehr schwer, etwas Dauerhaftes miteinander aufzubauen. Es gab aber auch Leute wie Uwe, der, wenn er besoffen war, jeden Vorbeigehenden verbal attackierte und die Frau Pfarrerin davon leider auch nicht ausnahm. Um in solchen Momenten mein »Willkommen in der Kirche« redlich aufrechterhalten zu können, blieb mir nur, die Ohren auf Durchzug zu schalten und die Pöbelei nicht allzu persönlich zu nehmen. Auf die Provokation einzusteigen, machte bei Uwes Zustand sowieso keinen Sinn. Besonders »inklusive« Gedanken hatte ich in diesen Situationen allerdings auch keine. Da Uwe meistens ziemlich blau war, sah ich ihn vorwiegend als Mensch mit einem ausgeprägten Suchtproblem an. Alle anderen Facetten seiner Persönlichkeit waren in Schnaps ertränkt. Doch eines Tages zeigte er mir eine ganz andere Seite von sich.

Uwe kam eines Nachmittags zu mir in den Kirchraum, ich war dort gerade allein. An jenem Tag war er, objektiv gesehen, nicht nüchtern – aber bei diesem Pegel war er noch normal kommunikationsfähig. Uwe kam auf mich zu und blieb plötzlich wie angewurzelt stehen; er hatte das Klavier entdeckt. Er nahm sich den Hocker, setzte sich einfach hin und legte los. Es klang richtig, richtig gut; er spielte in einer derart sanften und gefühlvollen Weise, dass ich dachte, ich hätte einen Zwillingsbruder von Uwe vor mir sitzen oder es handele sich hier um so etwas wie Dr. Jekyll und Mr. Hyde. Anders konnte es gar nicht sein. Ich war schwer beeindruckt – und sprachlos. Uwe fragte mich, ob er öfter einmal spielen dürfe. Er könne auch mal Gemeindelieder begleiten, sagte er. Hauptsache, er könne endlich mal wieder Musik machen. Die Vorstellung mit den Gemeindeliedern amüsierte mich. Ich stellte mir den Blick von so manchem Gottesdienstbesucher vor, wenn ein voll tätowierter Hüne, den man nur als pöbelnden Alki kannte, plötzlich den Gesang von »Großer Gott, wir loben dich« am Klavier begleitet.

An jenem Nachmittag machten Uwe und ich einen Deal: Er durfte nicht mehr als drei Flaschen Bier und zwei Schnäpse getrunken haben, wenn er sich ans Klavier setzte. Und ich würde ihn nur spielen lassen, wenn ich in der Nähe bin und Zeit habe. Das funktionierte tatsächlich. Und dann freute Uwe sich sichtlich. Mit der Zeit hatte er sogar eine richtige kleine Zuhörerschar.

Ich weiß nicht, was aus Uwe geworden ist, ob er überhaupt noch lebt. Eines Tages war er verschwunden. Er war jemand, der mich manchmal echt Nerven gekostet hat, durch den ich aber auch etwas über Inklusion gelernt habe, besonders über meine diesbezügliche eigene Begrenztheit und inneren Schubladen. Vor allem aber darüber, dass ein Mensch weit mehr ist als das, was er der Welt zunächst zeigt. Und dass es Geduld und Ausdauer braucht und auch ein wenig Glück, mehr von anderen erkennen zu können.

Ich fand Uwes Musik sehr schön, und ich freute mich auch darüber, dass er unsere Verabredungen zumindest ab und zu verlässlich eingehalten hat, was ich, ehrlich gesagt, anfangs nicht geglaubt hatte.

Es gibt kein Rezeptbuch dafür, wie ein gleichberechtigtes Miteinander aller Einzelnen, Gruppierungen und Altersklassen in der Kirche erfolgreich umgesetzt werden kann. Es gibt keine Vorgaben, was alle Beteiligten tun müssten, damit sie zusammen der lebendige Organismus werden, den der Apostel Paulus im Sinn hatte. Oder wie das Leben einer Gemeinde konkret gestaltet sein müsste, in der die Vielfalt uneingeschränkt als Bereicherung angesehen wird und in der alle anstreben, in gerechter Teilhabe und Teilgabe zu agieren.

Es gibt, wie so oft im Leben, auch hier viele Möglichkeiten und Varianten. Die Menschen bringen eigentlich selbst alles mit, was gebraucht wird: Fähigkeiten, Ideen, Erfahrungen, Ziele und so weiter. So verschieden, wie die Menschen, die Glieder am Leib sind, werden sich folglich auch die inklusiven Gemeinden jeweils gestalten. Gemeinsam haben alle ihren Ansatz, niemanden auszuschließen oder ihm Barrieren in den Weg zu stellen. Und darauf aufbauend geht es Schritt um Schritt weiter.

Die Engländer haben ein schönes Idiom: »How do you eat an elephant? Bite by bite«; zu deutsch: »Wie isst du einen Elefanten? Bissen für Bissen.« An Ideen und Hilfestellung für die inklusive Praxis gibt es schon einiges innerhalb der EKD.

Da ist zum Beispiel das »Netzwerk inklusive Kirche« in der norddeutschen Landeskirche. Die dort engagierten Leute bieten Schulungen, Material und Beratungen an und kommen bei Interesse auch in die Gemeinde. Näheres erfahren Sie unter www.netzwerk-kirche-inklusiv.de. In anderen Landeskirchen ist ebenfalls viel in Bewegung. Die evangelische Landeskirche im Rheinland hat eine sehr praxisorientierte Orientierungshilfe veröffentlicht mit dem Titel »Da kann ja jede(r) kommen«, die ich zum Thema Inklusion sehr empfehlen kann. Sie steht unter www.pti-bonn.de als kostenloser Download zur Verfügung. Und in der Landeskirche Sachsen gibt es ebenfalls ein Bündnis, das sich unter www.wir-wollen-vielfalt.de vorstellt.

Inklusive Orientierung fängt natürlich, wie jede grundlegende Veränderung, erst einmal im Kopf jedes Einzelnen an. Das bedeutet für uns Christen auch, in den Spiegel zu schauen und sich selbst zu hinterfragen: Will ich wirklich eine inklusive Kirche? Oder wünsche ich mir in Wahrheit meine Ortsgemeinde doch eher exklusiv? Welche Leute würden mir darin gar nicht gut gefallen? Wie würde ich, wenn ich ehrlich bin, auf einen Mann reagieren, der den Abendmahlskelch austrinkt und »Prost!« sagt? Oder: Welche Einstellung habe ich im tiefen Innern zum Beispiel zu körperlich oder geistig Behinderten? Oder Alkoholikern? Oder HIV-Positiven? Wie blicke ich auf ehemalige Strafgefangene oder Geflüchtete oder Transsexuelle oder Wohnungslose? Um nur einige zu nennen, denen ihr Recht auf Teilhabe oft genug vorenthalten wird.

Vor dem Spiegel hört man nur selbst die Antwort. Da ist Ehrlichkeit vielleicht einfacher.

In Zusammenkünften verhalten wir Christen uns ja eher so, als gäbe es so etwas wie einen unausgesprochenen Fraktionszwang, der jeden verpflichtet, als Christ immer ein Gutmensch zu sein, was aber in Wahrheit gar nicht gelingen kann! Oder eben als Christ jeden Menschen gleich zu lieben. Dabei funktioniert das mit der umfassenden Nächstenliebe doch bei keinem von uns! Jedenfalls nicht, solange wir das ohne Gottes Hilfe und seine Kraft versuchen.

Inklusion ist ein prozessuales Geschehen, ein freudvolles und zugleich anstrengendes. Und eines, das Aufrichtigkeit der Beteiligten erfordert, damit Vorbehalte thematisiert und abgebaut werden können. Sich als Gemeinde auf den Weg zu machen und den Elefanten miteinander »Bissen für Bissen« zu verspeisen, verspricht auf jeden Fall eine Menge guter und neuer Erfahrungen. Inklusive Räume werden heute dringend gebraucht, so viele wie möglich. Die Menschen brauchen sie, in der Politik, in der Gesellschaft und in der Kirche.

Ob es der protestantischen Kirche noch einmal gelingen kann, die Öffentlichkeit so zu beeindrucken, wie es die ersten Christen damals taten, vermag ich nicht zu sagen. Aber ich bin Wundern gegenüber immer aufgeschlossen, und das nicht nur von Amtes wegen. Wenn die evangelische Basis mehr und mehr Inhalte lebt und vertritt, die nicht nur eine Integration von sozial, kulturell oder gesundheitlich Benachteiligten erreichen sollen, sondern eben echte Inklusion, dann wird das seine positive Wirkung auch in die Gesellschaft hinein haben – da bin ich sicher.

Aber Sie ahnen es schon, es geht nur »Bite by bite!«

»UTE, DÜRFEN WIR BEI DER KONFIRMATION TURNSCHUHE ANZIEHEN?«

*Wie Kirche wieder mehr
Jugendliche erreichen könnte*

Da saß sie nun vor mir, diese kleine Gruppe Jugendlicher, die kurz vor ihrem großen Tag stand, an dem sie feierlich in unserer Kirche konfirmiert werden würde. Zwölf Jungs und Mädels, die ich in den letzten achtzehn Monaten mehr und mehr kennenlernen durfte.

Alle waren pünktlich da, es war ja schließlich die Generalprobe. Sie kamen mir wie ein Sack Flöhe vor, so nervös und unkonzentriert waren sie. Aber gleichzeitig wirkten sie auch stolz wie Bolle. Darauf, dass sie die Zeit durchgehalten hatten; darauf, dass sie im Gegensatz zu den »frischen« Konfirmandinnen und Konfirmanden wussten, wo's lang geht – und besonders auch auf ihr Glaubensbekenntnis. Das hatten sie, wie traditionell jede Gruppe in unserer Gemeinde, selbst (mit etwas Hilfe) erarbeitet, ein ganzes Wochenende lang. Und sie würden dieses bei der Einsegnung gemeinsam am Altar sprechen, und nicht das Apostolikum. Denn uns lag daran, dass sie zu ihren Glaubensaussagen am Altar auch wirklich »Ja« sagen konnten. Nun übten sie es noch einmal mit mir, die Ina, die Claudia, der Mario, der Kai und die anderen acht.

Als ich sie so voll Überzeugung über ihren Glauben an Gott sprechen hörte, war auch ich sehr stolz auf sie, auf ihre Mitarbeit in den letzten Monaten – und ihre Offenheit mir gegenüber. Ich war auch stolz auf meine jugendlichen Teamer, die ihnen angesichts der Aufregung das »Händchen« hielten. Ja, und ich war in diesem Moment auch ein wenig stolz auf mich, denn wir waren gemeinsam am Ziel angekommen, auch wenn es manchmal nicht so ausgesehen hatte und wir es uns nicht immer leicht gemacht hatten. Und obwohl ich ihnen manche befriedigende Antwort schuldig geblieben war, etwa zu der Frage »Warum lässt Gott denn Leid und Kriege zu?«. Die zwölf waren schon eine tolle Gruppe, fand ich – genauso, wie ich es bis jetzt bei jeder Gruppe jedes Jahr gefunden habe. Es macht mir einfach Freude, mit Jugendlichen ein Stück Weg zu gehen und mit ihnen ins Gespräch zu kommen.

Auch diejenigen, die mich am Anfang der Konfer-Zeit sofort haben wissen lassen, dass sie überhaupt nur wegen der Oma und der dicken Geschenke da seien, sprachen nun, achtzehn Monate später, das Bekenntnis mit Eifer und fieberten mit den anderen mit. Sie hatten Freunde in der Gruppe gefunden, Spaß gehabt und festgestellt, dass Gott nicht wirklich verstaubt ist und dass dieser Jesus doch ein ziemlich cooler Typ war, der Starkes zu sagen hatte. Man muss sich ja auch immer wieder klarmachen, dass eine Konfirmandengruppe sich nicht freiwillig zusammenfindet; sie wird gebildet, nur aufgrund der Anmeldung in der Kirche. Alle waren zwar ungefähr gleich alt, aber sie kamen aus verschiedenen Schulen und sozialen Milieus. Auch die Quote von Jungen und Mädchen ist immer wieder unterschiedlich. Manchmal melden sich Freunde zusammen an, aber die Gruppe als solche ist äußerst heterogen. Das macht die Arbeit so spannend, ist aber auch zugleich eine große Herausforderung für alle Beteiligten, für Lernende und Lehrende gleichermaßen. Es ist wirklich eine Kunst, jedem und jeder Jugendlichen in so einem »Haufen« gerecht zu werden – die einen nicht zu überfordern, aber die Schnelleren auch nicht zu Tode zu langweilen. Auch die sozialen Kompetenzen der Jugendlichen sind, vorsichtig ausgedrückt, unterschiedlich ausgeprägt.

Da war zum Beispiel der dreizehnjährige Mario. Der Junge kam aus einer der sogenannten Problemfamilien in unserem Stadtteil. Er hatte keine Geschwister, die Mutter war alleinerziehend und ging für den Mindestlohn arbeiten, Mario war ein Schlüsselkind. Konflikte habe er bisher mehr als einmal mit seinen Fäusten geregelt, sagte mir seine Mutter. Was ihm natürlich eine Menge Ärger einbrachte, vor allem in der Schule. Na, da freute ich mich doch sehr, als sie mir seine Anmeldung zum Konfer auf den Tisch legte. Und schon beim ersten Treffen war mir klar, dass dieser Bursche sich wohl vorgenommen hatte, die Pfarrerin zu ärgern – er machte gleich Blödsinn. Aber zum Glück war es ja nicht meine erste Gruppe, und die meisten Spielchen der Kids kannte ich inzwischen. Ich ließ Mario erst mal – im Rahmen – Faxen machen, und da ich nicht groß meckerte, hatte er bald keine Lust mehr darauf. Er konnte es übrigens überhaupt nicht ab, wenn ein anderer Konfirmand auch Unsinn machte, da ging er sofort dazwischen, zum Glück nur mit Worten. Die anderen gaben ihm bei seinen Späßen zum Glück aber auch Kontra. Es versprach von Anfang an, eine dynamische Zeit mit dieser Gruppe zu werden. Mario musste mich natürlich mitunter wissen lassen, dass ihn der Stoff, den ich gerade mit ihnen besprach, nicht die Bohne interessierte. Das hätte mit seinem Leben doch nun gar nichts zu tun, dieses alte Bibelzeug. O.k., er wollte Grenzen austesten, schon klar. Und dass ihm vor allem das Thema »Der Aufbau der Bibel« trotz Basteln, Rätseln und »Bibelpizza backen« zu trocken war, konnte ich sogar nachvollziehen.

Mario war aber nicht *nur* schwierig, oftmals war dieser Junge auch voll dabei. Am meisten liebte er es, wenn wir mit Rollenspielen arbeiteten. Da hatte ich einen begnadeten, engagierten und kooperativen Schauspieler vor mir. Doch in seinen Rollen blieb Mario doch immer ... der Mario. Wir sprachen zum Beispiel eines Tages in der Gruppe über das Alte Testament, speziell davon, wie der Hirtenjunge David zum berühmten König Israels wurde. Ich erzählte, dass Gott den Propheten Samuel nach Bethlehem zu einem Mann namens Isai schickte, um einen von dessen vielen Söhnen zum zukünftigen König zu salben. Gott sagte ihm zudem, dass er ihm zeigen würde, welcher von den jungen Männern es sei. Und der Prophet Samuel tat natürlich, was Gott ihm befohlen hatte. Dieser Isai zeigte dem Mann Gottes bereitwillig seine Söhne, bis der Prophet den jungen David sah und von Gott hörte, dass er der Auserwählte sei. Den salbte Samuel dann.

So weit die Story in Kurzform. Diese Geschichte wollte ich, mit einer Abwandlung, mit den Konfirmanden spielen. Ich baute eine Szenerie à la »Deutschland sucht den Superstar« auf und bestimmte drei Leute als Jury. Die waren sozusagen der dreigeteilte Prophet Samuel – aber, so die entscheidende Neuerung, ohne eine Weisung Gottes erhalten zu haben. Samuel durfte in unserem Spiel nach eigenem Gutdünken auswählen. So also auch die dreiköpfige Jury. Wer war für sie am besten geeignet, ein Land zu regieren?

Vier andere Konfirmanden spielten Söhne Isais. Drei von ihnen sollten sich so absprechen, dass jeder eine besondere Fähigkeit darstellte, zum Beispiel klug, stark, militärisch erfahren, schön usw. Der Vierte wurde als Hirtenjunge David gebraucht. Der Rest der Gruppe sollte beobachten.

Es lief prima, und alle legten sich mächtig ins Zeug. Ich war sicher, dass die Jury eine Entscheidung nach üblichen Maßstäben fällen würde, also den Starken, den Soldaten oder den Klugen wählt. Das würde unserem Stundenziel natürlich sehr entgegenkommen. Die Teamer und ich wollten nämlich deutlich machen, dass Menschen in der Regel nach ganz anderen Kriterien für Aufgaben und Ämter auswählen, als Gott es tut.

Mario spielte den »Starken«, oh Wunder. Und er machte

einen auf Terminator, inklusive der Schlussworte: »I'll be back!«
Alle hatten großen Spaß – bis, ja bis die Konfirmanden-Jury in
ihrer unergründlichen Weisheit entschied, den jungen Hirten
David zum König zu wählen.

Die Beobachter und ich waren sprachlos. Aber Mario und
auch Tim, der den »Klugen« gespielt hatte, waren schier außer
sich. Die sind richtig ausgerastet. »Das ist doch wohl das Aller-
letzte!«, empörten sie sich. »Man kann doch nicht so ein Weichei
zum König machen, seid ihr denn blind??«, gingen sie auf die
Jury los. Der Zwerg könne sich doch nie durchsetzen, da hätte
ja jeder Feind leichtes Spiel. »Dieser Typ als König, das ist doch
absoluter Schwachsinn!« – »David war aber am besonnensten«,
erwiderte Jury-Mitglied Tina. »Der wäre sicher ein guter Diplo-
mat, und das ist doch ganz wichtig für ein Staatsoberhaupt.«

Weil ich fürchtete, dass der David-Darsteller sich irgendetwas
des Gesagten zu Herzen nimmt oder die Jugendlichen am Ende
noch aufeinander losgehen, stoppte ich das Spiel. Und machte
sofort, diesmal sehr ausführlich, unser übliches Ritual nach einem Rollenspiel, um alle aus ihrer Rolle aussteigen zu lassen.
Danach »verordnete« ich allen erst einmal eine Kicker-Runde,
zum Runterkommen. Ich beriet mich mit meinen Teamern, wie
wir mit dem Geschehen in Bezug auf unser Ziel umgehen wollten, denn unsere Stunde war dummerweise fast rum. Aber die
Jugendlichen wollten gar nicht gehen. Sie wollten jetzt und hier
noch weiter sprechen, über Erwartungen und Vorurteile, über
das Leben, über Regierungen, über Verlierer und Gewinner –
und über Erfolgsparameter in unserer Leistungsgesellschaft.
Aber auch darüber, wieso Gott sich mit David den Ungeeignets-
ten als König aussucht. Keiner sah auf die Uhr, und auch Mario
motzte nicht ein einziges Mal. Es war ein toller Austausch mit
diesen jungen Persönlichkeiten.

An diesem Nachmittag wurde allen etwas Grundlegendes
über Gottes Wesen deutlich, das in der ganzen Bibel erkennbar

ist: dass Gott eben ganz anders schaut als wir Menschen, dass er die vermeintlich »Schwachen« auswählt, um sie dann mit seiner Kraft stark zu machen. Diese tiefe ganzheitliche Auslegung einer biblischen Geschichte hätten wir bei einer rein theoretischen Bearbeitung nie erreicht. Ich betone das so, weil es innerkirchlich immer wieder mal Kritik an diesen »neumodischen« Methoden in der Konfirmandenarbeit gibt.

Andere halten Rollenspiele, Christus-Raps, christliche Comics etc. im Konfirmandenunterricht für nicht »angemessen«. Schließlich sollen die Jugendlichen auf ihre Einsegnung vor Gott, dem Allmächtigen vorbereitet werden, als mündige Christen. Einverstanden, aber das werden sie ja auch mit modernen Arbeitsformen sehr gut. Und eins ist sicher: Mit Frontalunterricht wie früher wäre das in der heutigen Erlebniswelt junger Menschen überhaupt nicht mehr zu schaffen, schon aus dem einfachen Grund, dass die Kirche dann ziemlich schnell keine Anmeldungen mehr hätte. Gerade im Spiel zeigen sich die Jugendlichen, ihr Denken, ihre Persönlichkeit, ihre Werte – und ihre Ziele. Und es macht ihnen einfach Spaß!

Doch noch einmal zurück zu Mario. Er stand in der Gruppe schon etwas außen. Er war der Einzige von den Jungs, der nicht am Gymnasium war. Und die Mädchen, die waren ... na, Mädchen eben. Doch eines Tages änderte sich die Situation für diesen Jungen grundlegend, und zwar bei der ersten Konfer-Fahrt. Wir lebten fünf Tage in einem Haus mitten im Wald und direkt am See. Und wir versorgten uns selbst. Das war natürlich eine ganz besondere Erfahrung der Nähe und des Miteinanders. Die einen rückten mit Koffern an, den anderen reichte ein kleiner Rucksack. Die einen wollten jeden Tag zu Rossmann, die anderen wollten in irgendeiner Ecke allein mit dem Handy spielen. Bei den einen riefen die Eltern mich alle naselang an, bei den anderen rührte sich nichts von zu Hause aus.

Alle hatten sich auf die Reise gefreut, nur der Mario, der wollte »natürlich« nicht mit. Er hätte einfach keinen Bock, sagte er mir. Doch dann stellte sich beim Elternabend heraus, dass seine Mutter das Geld für die Reise nicht aufbringen konnte und es dem Jungen zu peinlich war, mir das zu sagen. Aber seine Mutter verriet mir, er habe zu Hause erst getobt und dann sehr geweint, weil er nicht mitkonnte. Dass sie mir das erzählt habe, dürfe Mario natürlich nie erfahren. Klar! Marios Wut und Trauer taten mir sehr leid, denn alle Tränen waren ohne Not geweint. Die evangelische Kirche hat für solche Fälle finanzielle Mittel zur Unterstützung. Wegen des Geldes braucht kein Konfirmand zu Hause zu bleiben.

Wir bekamen es dann hin, dass Mario mitkommen konnte, ohne sich blöd dabei zu fühlen. Gerade für ihn habe ich mich darüber besonders gefreut, denn er kannte diese Art intensiver Gemeinschaft gar nicht, bei der einfach alles zusammen gemacht wird, kochen, lernen, Freizeit, schlafen. Im normalen Alltag hatte Mario seinen PC – und sein Handy. Beides fiel auf unserer Reise weg. Gerade das Handy-Verbot war am ersten Tag jeder Konfirmandenreise das Drama schlechthin. Manchmal frage ich mich ernsthaft, wie wir als Jugendliche bloß ohne so ein Ding überleben konnten.

Traditionell spielten wir am ersten Abend immer »Räuber und Gendarm«. Es machte allen Kids einen Riesenspaß, ihre »alte« dicke Pfarrerin durchs Unterholz zu jagen, gefangen zu nehmen und einzusperren. Soziale Milieus und Schulformen waren dabei völlig irrelevant. Da waren sie alle »Brüder«. Manche wollten bei jeder Runde Räuber sein, nie wechseln. Andere waren nur zu gern Gendarm. Mario, zwei Mädels und ein Junge namens Kai waren immer die Gejagten. Mich wunderte, dass Mario unbedingt Kai in seiner Truppe haben wollte, der war doch so ganz anders als er, eher so ein intellektueller »Nerd«-Typ. Dieser Junge kam aus einem christlichen Elternhaus und war sehr an Gott und Glaubensfragen interessiert, ging sogar freiwillig zum Religionsunterricht, trotz Randstunde. Er hatte zwei Geschwister, lebte in einem Reihenhaus mit Garten, und Mutter und Vater kümmerten sich sehr um ihn, zum Glück ohne Helikopter-Eltern zu sein. Auf Anhieb fielen mir jedenfalls so gar keine Berührungspunkte zwischen diesen beiden Konfirmanden ein. Ich fürchtete eher, dass Mario den Kai einfach unterbuttern wollte. Aber ganz im Gegenteil! Die Jungs kamen super miteinander klar und freundeten sich auf der Reise richtig an. Und beiden tat das sehr gut. In der Gruppe fiel in der Folgezeit besonders auf, dass Kai durch Mario mehr und mehr aus seiner Verschlossenheit herauskam und Mario durch Kai deutlich respektvoller im Umgang mit anderen wurde. Das freute natürlich auch die Pfarrerin.

In der Phase der Praktika, die traditionell immer im zweiten Jahr stattfanden, sollten sich die Konfirmandinnen und Konfirmanden in verschiedenen Bereichen des Gemeindelebens aktiv einbringen. Die Jugendlichen wurden bei ihren Einsätzen von erfahrenen Ehrenamtlichen begleitet. Mario und Kai wollten Senioren im Wohnheim besuchen. Sie dachten wohl, das sei wesentlich »gechillter«, als etwa eine Woche lang intensiv bei der Kinderbibelwoche mitzuarbeiten. Sie hatten auch nicht erwartet, dass ihnen die Alten so ans Herz wachsen. Und dass es sie berühren würde, wie sehnsüchtig sie dort erwartet wurden und welche Freude sie bei den Bewohnern auslösten, einfach nur, weil sie kamen. Die Jungs fehlten nicht ein einziges Mal. Die Senioren wussten natürlich vorher, dass die Konfirmanden nur ein paar Wochen lang kämen. Und doch war es für beide Seiten eine sehr bereichernde Zeit. Mario sprach von da an anders über betagte Menschen, nannte sie nicht mehr nur abfällig »Grufties«. Und Kai fing an, regelmäßiger als früher bei seiner Oma vorbeizuschauen.

Es gibt Kirchenmenschen, die auch solche Projektphasen kritisieren und bemängeln, dass den Konfirmandinnen und Konfirmanden dadurch viel zu wenig Zeit bliebe, die kirchlichen

Themen hinreichend zu lernen. Und wenn schon so etwas eingebaut würde, dann sollte man doch wenigstens am Ende der Konfirmandenzeit wieder die frühere Prüfung einführen. Wenn ich das höre, fällt mir sofort meine eigene wieder ein. Ich bin 1974 konfirmiert worden – mein Gott, ist das lange her! Zwei Wochen vor der Einsegnung wurden wir vor der versammelten Gemeinde befragt. Wir mussten Inhalte aus dem Katechismus Martin Luthers wissen oder das »Vater Unser« aufsagen oder den 23. Psalm: »Der Herr ist mein Hirte ...«. Sie erinnern sich?

Vorher hatte der Pfarrer reichlich mit uns geübt – und jedem und jeder von uns gesagt, was er ganz genau fragen würde. Das tat er sicher, um uns zu helfen, aber vor allem, weil er sich selbst keine Blöße geben wollte. Es könnte ja heißen, er habe uns nichts beigebracht.

Meiner Ansicht nach hat damals wie heute niemand etwas davon, wenn ein junger Mensch einen Text auswendig herunterbeten kann. Außerdem sind weder die Welt noch die Jugendlichen selbst heute so wie vor fünfzig Jahren. Die Kids sind es, die im Vordergrund stehen – und ihr individueller Zugang zum Glauben.

Nein, ich würde keine Prüfung nach altem Vorbild abnehmen. Und ich bin froh, dass die Konfirmandenarbeit heute bunter ist, die Methoden vielfältiger sind – und dass aktuelle Zeitthemen mehr Raum einnehmen als früher. Im Übrigen habe ich in all den Jahren noch nie einen Konfirmanden gehabt, der das »Vater Unser« bei der Konfirmation nicht konnte. Das lernen sie spätestens, wenn sie ihre vorgeschriebenen Gottesdienstbesuche machen. Zudem ist es ein Thema, das im Konfer immer bearbeitet wird, aber eben modern.

Die Konfirmanden nehmen in Glaubensfragen und Kirchenkunde eine Menge für ihr Leben und ihr Christsein mit, besonders auch in den Projektphasen. Das schließe ich zum einen aus den lebhaften Diskussionen mit den Gruppen bei der

Entwicklung ihres Glaubensbekenntnisses. Zum anderen zeigt es sich deutlich in den Fragebögen, die sie am Ende ihrer Konfer-Zeit in vielen Gemeinden ausfüllen. Darin werden die jungen Leute gebeten, Feedback zu geben. Ehrlich zu sagen, wie sie die einzelnen Phasen erlebt haben, was ihnen gefehlt hat und was sie für sich mitnehmen.

Meine zwölf »nervösen Hemden« bei der Generalprobe hatte ich auch gebeten, etwas aufzuschreiben. Sie hatten sich ziemlich positiv geäußert. Eins bemängelten sie allerdings unisono deutlich: dass manche Gottesdienste so dermaßen unspannend seien, um nicht zu sagen, entsetzlich langweilig. Und auch viel zu lang. Auch die Lieder seien überhaupt nicht fetzig und die Liedtexte mitunter doch sehr komisch, zum Beispiel »Herzliebstes Jesulein ...«. Diese Kritik, so hat auch eine bundesweite Umfrage der EKD ergeben, kommt von Jugendlichen quer durch die Republik. Da besteht offensichtlich dringender Diskussions- und Handlungsbedarf für alle, die Gottesdienste halten und gestalten. Es könnten, so der Vorschlag von Jugendlichen, zum Beispiel mehr Jugendgottesdienste als bisher schon in die Konfirmandenzeit eingebaut werden, vor allem auch solche, bei denen die Gruppe selbst mitverantwortlich gestaltet.

Als mir Mario nach der Generalprobe seinen ausgefüllten Feedback-Fragebogen brachte, baute er sich plötzlich wieder in seiner früheren Terminator-Pose vor mir auf. Er war inzwischen fast fünfzehn, hatte einen Drei-Tage-Flaum und war mindestens einen Meter fünfundachtzig groß. Sein Freund Kai stand neben ihm, und es war ihm an der Nasenspitze abzulesen, dass die beiden etwas im Schilde führten.

»Und?!«, fragte ich amüsiert. Die Jungs kannten mich inzwischen gut genug – und wussten mein Grinsen einzuordnen. »Dürfen wir bei der Konfirmation anziehen, was wir wollen?«, fragte Mario. Da wollten die mich doch offensichtlich am Ende noch einmal auf die Rolle nehmen ... diese Kerle!

»Wieso?!« Ich bemühte mich, ernster zu wirken. Die Herren wollten gern die Erlaubnis, ihre roten Chucks zu tragen; das sind die Stofflatschen, die wir »Gruftis« noch als »knöchelhohe Turnschuhe« kennen. Und außerdem hätten die Herren so gern auch ihre heißgeliebten Basecaps auf dem Kopf. »Und was tragt ihr dann dazwischen?«, fragte ich gespannt nach. »Na, da ist ja wohl ein schicker Anzug mit Krawatte angesagt«, wurde ich belehrt, das sei ja schließlich ein feierlicher Moment, so eine Konfirmation. Schön, dass sie das so sahen. Sie spielten mit ihren Fragen auf eine »Marotte« von mir an, die sich in der Gemeinde längst herumgesprochen hatte. Dass ich nämlich keine Turnschuhe bei der Konfirmation erlaube, egal in welcher Form und Farbe oder wie sie genannt werden. Basecaps dagegen waren neu, danach war ich vorher noch nie gefragt worden. Vielleicht auch, weil die Antwort darauf sonnenklar war. Am Altar Gottes sind Kopfbedeckungen dieser Art nicht akzeptabel, in meinen Augen jedenfalls nicht. Zudem ahnte ich auch, wie Marios Oma das wohl finden würde, wenn ihr Enkel vorne stünde und eine Mütze mit dem Label der *Chicago Bulls* trüge. Kai und Mario erhielten von mir die Antwort zu ihren beiden Wünschen, die sie vorher schon gewusst hatten. Aber versuchen konnten sie es ja mal ...

Dann kam der große Tag – und ausnahmslos alle Konfirmandinnen und Konfirmanden waren totschick und sehr hübsch. Wie viel erwachsener die Jugendlichen in diesem Alter innerhalb von nur achtzehn Monaten doch werden; das beeindruckt mich jedes Jahr aufs Neue.

Es wurde ein wunderbarer Gottesdienst und alles, was bei der Generalprobe schiefgelaufen war, klappte jetzt. Beim persönlichen Segen gingen die größeren Jungs, auch der »Terminator«, ganz charmant ein bisschen in die Hocke, damit ich kleine Person zur Handauflegung auch an den Kopf kam.

Und dann, ja dann gingen diese zwölf »mündigen Christen« auseinander, jeder seiner Wege. Mario und Kai zum Beispiel sah ich nach ihrer Konfirmation gar nicht mehr, jedenfalls in der Kirche nicht. Wir haben sie natürlich zu den Jugendtreffen eingeladen. Und die Teamer schrieben sie auch regelmäßig über Facebook an, wenn was Spannendes anstand – Konzerte, Partys, Jugendgottesdienste. Über Angebote zu Jugendcamps und Reisen wurden sie ebenfalls von der Jugendgruppe informiert.

Aber die traurige Wahrheit ist, dass die meisten einfach wegblieben. Und das ist in vielen Gemeinden ähnlich. Die Zahl der Konfirmanden ist in der evangelischen Kirche in den letzten Jahren erstaunlich stabil geblieben, trotz anhaltenden Mitgliederschwundes. Circa 200.000 bis 250.000 Jugendliche werden jährlich konfirmiert, das ist ungefähr ein Drittel aller Jugendlichen eines Jahrgangs.

Doch nach der Einsegnung bleiben nur wenige Jugendliche der Kirche erhalten. Natürlich gibt es im Leben der jungen Leute Wichtiges, das ihre ganze Aufmerksamkeit erfordert, sei es der Mittlere Schulabschluss (MSA), der Start in die Berufsausbildung, das Abitur – und natürlich die erste oder zweite große Liebe. Da bleibt kaum ein Zeitfenster. Doch das kann nicht allein die Erklärung sein. Denn es gibt ja auch durchaus Jugendliche, die den gleichen Stress haben und trotzdem einen Teil ihrer Freizeit in der Kirchengemeinde verbringen. Sie hängen dort mit anderen Jugendlichen ab, gehen ins Kino oder Schlittschuh laufen, machen Party – und manchmal bringen sie sogar ein eigenes Projekt unter dem Dach der Kirche an den Start. Und das sind beileibe nicht nur Jugendliche, die die Frömmigkeit schon mit der Muttermilch aufgesogen haben.

Man kann auch nicht sagen, dass junge Leute heute grundsätzlich kein Interesse mehr an religiösen Themen hätten. Aber eine Institution wie die evangelische Kirche, mit ihren traditionellen Strukturen und Abläufen, wird immer seltener als attraktiv wahrgenommen. Im Gottesdienst sieht man viele der Konfirmierten, wenn überhaupt, nur noch, wenn sie eines Tages Pate oder Patin bei einer Taufe werden – oder wenn sie sich kirchlich trauen lassen wollen.

Gerade über das Fernbleiben der frisch Konfirmierten kursieren sogar innerkirchlich lustig-makabre Witze. Mal sehen, ob ich den berühmtesten noch zusammenbekomme:

Drei Pfarrer trafen sich und tauschten sich über den Zustand der Glockentürme ihrer Kirchen aus. Alle drei hatten dort nämlich eine große Taubenplage. Die Tiere hatten sich in den Türmen eingenistet und hinterließen Unmengen Kot, der dreckig und giftig war. Die drei Geistlichen waren sich einig, dass etwas passieren musste. Und sie nahmen sich vor, zunächst jeder für sich eine Lösung für die Plage zu finden und dann wieder miteinander zu beraten.

Drei Monate später trafen sich die Pfarrer wieder. Der eine erzählte, er habe Maschendraht an den Fensterluken des Turms befestigt, aber nach kurzer Zeit hätten die Tauben den aufgepickt und seien nun genauso da wie vorher. Der zweite sagte, er habe Holzbretter vor alle Öffnungen im Glockenturm anbringen lassen. Es sei dann zwar keine Taube mehr reingeflogen, aber der Klang der Glocken sei dadurch erbärmlich gewesen. Als sie dann dünnere Bretter nahmen, pickten die Tauben mit vereinten Kräften Löcher rein und zwängten sich durch. Jetzt sei alles wieder wie vorher, das nütze also auch nichts. Der dritte Pfarrer hatte die ganze Zeit amüsiert zugehört und gelächelt. Seine Kollegen fragten, wie es denn mit den Tauben in seinem Turm stünde. Es seien keine mehr da, triumphierte er – und es käme auch keine zurück, nie mehr. »Wie hast du das hinbekommen?«, wollten die beiden anderen gespannt wissen. »Ganz einfach«, sagte der Pfarrer, »ich habe alle Tauben konfirmiert.«

Als ich diesen Witz das erste Mal hörte, habe ich schallend gelacht. Inzwischen lache ich immer noch, aber mehr aus Galgenhumor. Denn auch ich weiß, dass eine Kirche ohne Jugend wenig, wenn nicht keine Zukunft hat.

Die EKD, die von jeher die Arbeit mit Kindern und Jugendlichen sehr ernst und wichtig nimmt, beschäftigt sich schon lange intensiv mit den Fragen rund um die Nachhaltigkeit der Konfirmandenarbeit. Und alle sind sich einig, dass hier grundlegende Reformen nötig sind, damit wieder eine bessere Anbindung der Jugendlichen an die Gemeinde gelingen kann. Die Kirchenleitung gab im Jahr 2009 zum Beispiel eine bundesweite Studie zum Thema in Auftrag. Anschließend fand ein bundesweiter Konsultationsprozess in den einzelnen evangelischen Landeskirchen statt. Im Jahr 2013 gab die EKD dann eine 16-seitige Orientierungshilfe mit dem Titel: »Konfirmandenarbeit, Zwölf Thesen des Rates der Evangelischen Kirche in Deutschland« heraus. Diese Schrift basiert auf den Erträgen der genannten Studie und steht als kostenloser Download auf der EKD-Webseite zur Verfügung.

Die hier aufgestellten Thesen betonen ausdrücklich die große Wichtigkeit kirchlicher Bildungsarbeit – auch, um junge Menschen in der Konfirmandenzeit bestmöglich zum mündigen Christsein zu führen. Es sollen verstärkt Werte vermittelt werden, die innerkirchlich Handlungsorientierung geben, die aber genauso für das Leben in der Gesellschaft wichtig sind. Auch die neuen Methoden, von denen ja viele bereits schon länger in der Jugendarbeit erprobt wurden, werden in diesem Thesenpapier als sehr wertvoll für die Konfirmandenarbeit eingeschätzt, insbesondere auch die mehrtägigen Gruppenreisen. Daneben sollte die Teilhabe der Konfirmanden am Gemeindeleben in Form von Praktika flächendeckender ermöglicht werden. Nicht zuletzt, um den Jugendlichen mit der Kirchengemeinde einen konkreten Ort zum Lernen anzubieten, an dem sie ihre Fähigkeiten ausprobieren und Bedeutsames für ihr eigenes Leben entdecken können. Es geht zudem darum, die Jugendlichen mit Menschen anderer Generationen in »ihrer« Gemeinde mehr in Kontakt zu bringen.

Einen Punkt, der in diesem Thesenpapier der EKD nur ganz kurz behandelt wird, möchte ich hier noch hervorheben. Und das ist die Frage, wie die Konfirmandenarbeit für jene Jugendlichen zu einem attraktiven Angebot gemacht werden kann, die aus einem Elternhaus kommen, das der Kirche distanziert gegenübersteht. Diese Jugendlichen sind in der Regel auch nicht getauft. Letzteres stellt rein kirchenrechtlich aber kein Problem dar. Denn Nicht-Getaufte können sich genauso wie Getaufte als Konfirmanden in der Kirche anmelden. Aber die Taufe ist es, die naturgemäß die Voraussetzung für die spätere Konfirmation darstellt. Denn der Sinn der Einsegnung ist doch, dass ein Jugendlicher die an ihm als unmündiges Kind vollzogene Taufe jetzt für sich annimmt und sein Christsein selbst bestätigt.

Heutzutage lassen aber viele Eltern, auch christlich geprägte, ihre Kinder nicht mehr so jung taufen. Sie warten damit, bis das Kind selbst darüber entscheiden kann. Schon deshalb ist es im evangelischen Raum gängige Praxis, dass Jungen und Mädchen erst im Laufe ihrer Konfirmandenzeit getauft werden. Das geschieht nicht selten wenige Wochen vor der Konfirmation oder sogar im gleichen Gottesdienst wie die Konfirmation. Gerade Letzteres halte ich, pardon, für Unsinn. Warum soll ein Konfirmand vielleicht zwanzig Minuten nach seiner Taufe diese in einem Extra-Festakt noch einmal ausdrücklich für sich annehmen? Er hat doch gerade eben sein Taufbegehren selbst formuliert, und nicht seine Eltern für ihn. Das ist aus meiner Sicht sinnentleert und nur dem Umstand geschuldet, dass die kirchenrechtlichen Regelungen nicht flexibel sind und nicht mit der Lebenswirklichkeit der Gesellschaft mitgehen.

Man könnte für die betroffenen Konfirmanden stattdessen die gleiche Regelung anwenden, die für Erwachsene greift. Bei denen gilt die Taufe, die nach einer vorbereitenden christlichen Schulung erfolgt, nämlich gleichzeitig auch als Konfirmation. Wenn bei Jugendlichen also erst zum Ende ihrer »Schulung«, sprich: des Konfirmandenunterrichts, getauft wird, ist das meines Erachtens eine vergleichbare Situation. Und auch die oben genannten nicht-christlich sozialisierten Konfirmanden sind ja zu dem Zeitpunkt hinreichend aussagefähig in Glaubensfragen. Also warum dann nicht nur eine Taufe, wie bei den Volljährigen?

Ja, ich kenne die Einwände dagegen, vor allem den, dass man den Kindern und deren Familien doch nicht eins der beiden Feste rauben sollte. Ich denke, dass viele Familien diese zwei Anlässe, wenn sie zeitlich nah zusammenliegen, sowieso in einem Fest feiern, schon aus finanziellen Gründen. Und wenn ein Konfirmand in demselben Gottesdienst erst getauft und dann konfirmiert wird, hat er doch auch nur ein Fest. Die Frage, die mich hier viel mehr bewegt, ist, welche dieser beiden kirchlichen Handlungen dieser junge Mensch für sich wohl höher gewichtet. Wird eins der beiden Sakramente unserer Kirche, die Taufe, im Zweifel dann nicht nur zum nötigen Beiwerk degradiert? Das wäre für mich nicht akzeptabel.

Solange die Kirche keine Signale gibt, dass sie etwas an den bisherigen Regelungen ändern wird, wird die Praxis weiter so laufen wie oben beschrieben. Dann ist es aber sicher am besten, die Konfirmanden möglichst bald nach Beginn der Konfirmandenzeit zu taufen, dann also, wenn die Zeit des Lernens noch vor ihnen liegt. Nur so ist es doch noch einigermaßen sinnvoll. Und nur so kann man das auch den pfiffigen Jugendlichen noch vernünftig erklären. Die hinterfragen die Abläufe ja schließlich auch.

Doch zurück zur Ausgangsfrage im Thesenpapier der EKD. Wie wird zum Beispiel ein Junge zum Konfirmanden, dessen Familie bisher nichts mit der Kirche zu tun hatte, und er selbst entsprechend auch nicht? Hier gibt es meiner Meinung nach nur den einen Weg: aus der Kirchentür hinaus, hin an die »Hecken und Zäune«, wie es in der Bibel so schön heißt. Hin in die Jugendclubs im Stadtteil und zu der Parkbank, auf der die Clique immer zusammenhockt. Vor allem aber hinein in die Schulen. Vor Jahren hatte ich in einer Gemeinde den dort praktizierten Ansatz übernommen, die Religionsstunden der Schulklassen zu besuchen, um für die Konfirmandenzeit zu werben. Dieser Weg war damals ziemlich erfolgreich, jedes Jahr ließen sich einige ansprechen. Dazu muss ich aber sagen, dass wir ausschließlich in den Berliner Grundschulen waren, die ja bis einschließlich sechste Klasse laufen. In den Oberschulen konnte ich diesbezüglich noch keine Erfahrungen sammeln. Aber es ist sicher einen Versuch wert, sich dort als Kirche auf Promo-Tour zu begeben. Selbst wenn nur bei drei Jugendlichen aus einer Jahrgangsstufe das Interesse geweckt wird und sie sich anmelden, hat sich der Einsatz doch schon gelohnt!

Doofe Sprüche mancher Kids kriegt der Kirchenmensch, der hingeht, allerdings manchmal gratis dazu. Das kann man aber aushalten, finde ich. Und die Lehrer sind in der Regel kooperativ, wenn sie in die Planung mit einbezogen werden. Ein zusätzliches Problem stellt sich, seit der Religionsunterricht freiwillig ist und die interessierten Schülerinnen und Schüler dazu in die Randstunden kommen müssen. Aber es muss ja nicht immer ausgerechnet diese Unterrichtsstunde besucht werden. Warum nicht in den Direktoraten der Schulen fragen, ob die evangelische Kirche für ihre beginnende neue Konfirmandengruppe werben darf und dafür im normalen Lehrplan ein kleines Plätzchen bekommen könnte, etwa in der Deutsch- oder Geschichtsstunde? Dann hätte man die ganze Klasse vor sich. Versuch macht klug, und vielleicht ist seitens der Lehrerinnen und Lehrer ja mehr Offenheit dafür da, als wir denken. Es ist ein Wagnis – und die Person, die sich dorthin aufmacht, braucht sicher etwas Mut. Aber auch Jugendliche wollen eben da abgeholt werden, wo sie stehen. Von allein kommen viele von ihnen sicher nicht mehr in die Kirche.

Eine weitere Möglichkeit, mit distanzierten Jugendlichen

überhaupt erst einmal ins Gespräch zu kommen, ist, ihnen nichtkirchliche Angebote im Gemeindehaus zu machen. Das kann ein Zumba-Kurs sein oder Hilfe beim MSA, oder, ganz modern, eine Selbsthilfegruppe für Smombies (Smartphone-Zombies). Oder auch ein Gesprächsraum für diejenigen, die von Cyber-Mobbing betroffen sind, dieses Angebot müsste aber sicher von einer psychologisch geschulten Person begleitet werden. Die Jugendlichen aus der Gemeinde können auch ein Turnier ausloben, im Tischtennis, Billard oder Kicker. Das sollen keine »Lockangebote« sein – na ja, vielleicht auch ein ganz kleines bisschen. Vor allem aber sollen damit Möglichkeiten eröffnet werden, dass Jugendliche inner- und außerhalb der Kirche sich gegenseitig überhaupt kennenlernen können. Und wenn man sich sympathisch ist, trifft man sich wieder. Und vielleicht ist eines Tages dann bei dem einen oder anderen ja auch die Konfirmandenzeit eine Option.

Es gibt schon viele innovative Ansätze für die Jugend in evangelischen Gemeinden und Werken. Fetzige Jugendgottesdienste, Reisen und Musikevents in den Kirchenräumen sind ganz vorne mit dabei. Aber auch Meditatives und gemeinschaftliche Kontemplation sprechen junge Menschen heute noch sehr an. Das sieht man besonders an den ungebrochen hohen Zahlen von Jugendlichen, die zur berühmten ökumenisch ausgerichteten Bruderschaft in Taizé (Frankreich) fahren, um miteinander in einfachsten Verhältnissen zu beten, zu arbeiten und sich auszutauschen. Eine Mutter, die mit ihren Söhnen mehrfach dort war, berichtete mir fasziniert, mit welcher Freude ihre Jungs an diesem Ort das Geschirr wuschen, putzten oder den Müll wegbrachten. Das kannte sie von zu Hause aber ganz anders. Es ist schon beeindruckend. Das von Taizé-Brüdern ausgerichtete große Jugendtreffen, das zu jedem Jahreswechsel in einer großen Stadt der Welt stattfindet, zieht nach wie vor Zehntausende junge Menschen an. Vor ein paar Jahren fand es in Berlin statt, in den

Messehallen. Ich hatte die Gelegenheit teilzunehmen und saß an Silvester mit Tausenden Jugendlichen aus aller Herren Länder singend, betend und auch mal schweigend zusammen auf dem Boden. Um Mitternacht hatten alle eine brennende Kerze in der Hand – und wir sangen zusammen das folgende Lied, wieder und wieder und wieder:

>>Gott, lass meine Gedanken sich sammeln zu dir,
bei dir ist das Licht, du vergisst mich nicht,
bei dir ist die Hilfe, bei dir ist die Geduld;
ich verstehe deine Wege nicht, aber DU weißt den Weg
für mich.<<

Da war eine Atmosphäre im Raum, die ich als >>heilig<< bezeichnen würde. Und nicht nur mich rührte dieses Erlebnis zu Tränen. Menschen aller Nationalitäten sangen gemeinsam, mit den Brüdern aus Taizé, mehrsprachig zwar, aber mit einer Stimme. So ähnlich muss sich der Weltfrieden anfühlen. In diesen Minuten schien er mir absolut möglich.

Jugendliche sind gewachsene und wachsende Persönlichkeiten, und sie haben existentielle Fragen, nach dem Woher und Wohin, nach tragfähigen Werten, nach Orientierung, nach Göttern und Religionen und nach dem >>Morgen<<, ihrem eigenen und dem der Welt. Doch heutzutage finden viele die Kirche nicht mehr relevant für ihr Leben oder sehen sie nicht als Gesprächspartner, der sie weiterbringt. Was junge Menschen bei der Kirche besonders abschreckt, so habe auch ich es von ihnen gehört, sind die starren Abläufe, die antiquierte Sprache und die viel zu langen Predigten, die mit ihrem Alltag wenig zu tun haben. So ein Urteil mag zu pauschal sein und ein zu negatives Bild zeichnen. Aber knallhart zu urteilen und zu provozieren, ist das nicht das Recht der Jugend?!

Wie könnten wir Kirchenleute unsere jungen Kritiker überzeugen? Sollten wir dazu alles, was sie an der Kirche als störend empfinden, abschaffen? Ich glaube nicht, dass dies zum Ziel führen würde. Schon deswegen nicht, weil es sicher genügend andere in der Gemeinde gibt, die genau das lieben, was die Kids doof finden. Und dann hätte die Gemeinde ein neues Problem, denn die Freunde des Traditionellen wären sicher wenig erfreut, wenn die Gottesdienste auf einmal nur noch dreißig Minuten dauern würden. Oder die Orgel regelmäßig Musik von David Guetta spielt statt Bach-Kantaten. Oder die Bibelverse auf die Länge eines Tweets reduziert werden. Vieles, vor allem auch Liturgisches, gehört zur Identität einer protestantischen Gemeinde. Und meines Erachtens besteht generell die Gefahr, manches davon zu verwässern, wenn man den Wünschen der modernen Welt in jeder Hinsicht nachginge, um in der heutigen Gesellschaft zu punkten. Aber dennoch müssen die Bedürfnisse junger Menschen und die Kirche zusammenfinden – und dafür sollte das rechte Maß von alt und neu gefunden werden. Dazu geschieht an der Basis zum Glück schon eine ganze Menge.

Ich hörte kürzlich von einem schönen Ansatz aus der evangelischen Landeskirche Kurhessen-Waldeck. Daniel Faßhauer von der Universität Kassel hat im Jahr 2015 seine Dissertationsschrift veröffentlicht, mit der er seine Forschung zu den pädagogischen Möglichkeiten des Internets für den Unterricht und für die kirchliche Bildungsarbeit vorgestellt hat. Er hatte untersucht, ob und inwieweit die evangelische Landeskirche mit einem guten Internetauftritt, konkret einer eigenen exklusiven Website, die frisch Konfirmierten würde besser einbinden können. An seiner Studie hat mich vieles beeindruckt, besonders, dass er intensiv mit empirischen Methoden gearbeitet hat und den Jugendlichen mit ihren Aussagen einen großen Raum gab, ihre Kritik und auch ihre Vorschläge sehr beachtete.

Die machten in den Befragungen vor allem deutlich, dass ihnen nach ihrer Konfirmation keine konkreten Beteiligungsmöglichkeiten in den Kirchengemeinden eröffnet wurden und auch keine direkte Ansprache mehr erfolgte. Viele Jugendliche gaben an, nicht grundsätzlich desinteressiert an christlichen Angeboten zu sein. Es kommt offensichtlich sehr darauf an, wie sie gestaltet sind – und wer daran teilnimmt.

Jugendliche wollen sich nicht einfach ins kirchliche Leben der Erwachsenen einfügen. Sie wünschen sich, so oft es geht, eine »altersgerechte« Kirche mit der Sprache, Musik und Verkündigung, die ihnen entspricht. Das ist meiner Ansicht nach ein legitimer Wunsch. Und wenn es dann im Jugendgottesdienst mal richtig laut wird, ist das auch in Ordnung. Das ist bestimmt nicht der Untergang der Christenheit.

Bei »meinen« Konfirmanden wurde immer wieder, kurz vor ihrem großen Tag, der Wunsch laut, »danach« noch einmal als Gruppe eine Fahrt zu machen. Oder etwas anderes zusammen zu unternehmen, vielleicht sogar regelmäßig. Dabei ging es ihnen vor allem um ein gemeinsames Erleben, um das Miteinander, das über die Monate als Konfirmanden zwischen ihnen gewachsen war. Ähnliches höre ich auch aus anderen Gemeinden. Vielleicht wäre die Etablierung einer »Konfirmierten-Reise« ja wirklich ein Königsweg, um die jungen Leute zum Bleiben in der Kirche zu bewegen. Das Internet noch mehr für die Ansprache Jugendlicher zu nutzen, ist in jedem Fall eine gute Idee. Das WWW ist schließlich allgegenwärtig. Und gerade Jugendliche sind immer online. Sie nutzen ihr Smartphone oder iPhone, wo sie gehen und stehen. Sie kommunizieren ständig, ohne Ende, über Facebook, WhatsApp, Snapchat usw., Bilder und Videos werden bei Instagram eingestellt. Neuigkeiten sind innerhalb von Sekunden an die gewünschten Adressaten gepostet. Ein guter alter Brief wäre für die meisten Kids völlig old school und zudem viel zu langsam. Und Sticker oder Emojis hat der ja in der Regel auch nicht.

Die evangelische Kirche nutzt das Internet natürlich schon.

Jede der zwanzig deutschen Landeskirchen verfügt über eine eigene Homepage, zur Selbstdarstellung, aber auch als Informations- und Werbungsportal. Und auch die einzelnen Kirchenkreise und die Gemeinden vor Ort sind im Netz präsent. Es gibt auch Webseiten, die sich an die Jugendlichen richten, zum Beispiel www.evangelische-jugend.de oder für Konfirmanden www.konfiweb.de. Zudem liefert www.jugendkirchen.org umfassende Informationen über bundesweite Angebote für junge Menschen. Seit 2013 gibt es auch eine Webseite für Jugendliche, in der es um den Datenschutz im Netz geht. Sie heißt www.youngdata.de und entstand auf Initiative der Landeskirche Hessen-Waldeck.

Daniel Faßhauer beschäftigte sich in seiner Forschungsarbeit mit den potentiellen Möglichkeiten einer ganz speziellen Webseite für Frisch-Konfirmierte. So etwas mit Hilfe von Jugendlichen aus den Gemeinden ansprechend und »fetzig« in allen Landeskirchen zu gestalten und sich dann auch miteinander zu verlinken, halte ich für einen mehr als beachtenswerten Ansatz. Denn solch eine Webseite würde vieles bieten können, was die Bedürfnisse der Kids trifft. Denkbar sind Online-Jugendgottesdienste, Pinnwand für Gebets-Anliegen, Veranstaltungs-Board, Spiele, Infos, Rätsel und mehr. Der Phantasie sind da keine Grenzen gesetzt. Chatrooms dürfen natürlich auch nicht fehlen und eine große Plattform für den Austausch und die Kommunikation untereinander. Ein Raum für Diskussionen zu aktuellen Themen des Lebens, der Politik und der Religion würde sicher auf Interesse stoßen.

Entscheidend dafür, die Neugier von Konfirmierten überhaupt erst zu wecken, wäre ein richtig gutes Layout und eine zeitgemäße Ansprache auf der Startseite. Aber dafür gibt es ja Profis. Und ja, dafür müsste etwas Geld in die Hand genommen werden, aber erfahrungsgemäß spenden die Gemeindemitglieder gern für die Jugend. So eine Webseite müsste natürlich auch übersichtlich und leicht zu benutzen sein. Ich betone das an dieser Stelle nur, weil die eine oder andere landeskirchliche Homepage in dieser Hinsicht etwas ausbaufähig ist.

Ganz wichtig wäre es aus meiner Sicht, auf so einer Konfirmierten-Webseite auch eine altersgemäße Seelsorge anzubieten. Viele Jugendliche kommen im Laufe ihrer Konfirmandenzeit mit einer privaten Frage oder einem persönlichen Problem zum Pfarrer oder zur Pfarrerin. Das geschieht nicht gleich, sondern erst, wenn schon etwas Vertrauen aufgebaut ist. Aber dann wollen sie auch ganz bewusst einmal mit einem anderen Erwachsenen reden als mit ihren Eltern oder Lehrern. Mal suchen sie Rat, mal Trost, mal wollen sie sich nur ankuscheln – in jedem Fall suchen sie dann Zuwendung. Ihre Seelen sind sehr verletzlich. Gerade in solchen Momenten wird mir immer wieder klar: So erwachsen sich Jugendliche auch geben mögen, sie sind es eben noch nicht, und sie müssen und sollten es auch gar nicht sein.

Wie könnte Seelsorge übers Internet denn konkret aussehen? Es fehlt ja das persönliche Gegenüber. Nicht unbedingt. Warum nicht skypen? Ich schätze, dass es nicht Wenigen sogar lieber wäre, im eigenen Zimmer zu sitzen und sich online auszusprechen als in die Kirche zu gehen, zur »Seelsorge«.

Auch wenn ich hier dafür werbe –es wäre auch für mich eine große Umstellung, mein Gegenüber nicht leibhaftig bei mir zu haben. Denn ein direktes persönliches Gespräch mit seiner ganzen Dynamik ist kaum zu ersetzen. Doch es ist so wichtig, dass die evangelische Kirche sich, so oft es geht, gerade Jugendlichen anbietet, als vertrauenswürdiges Gegenüber und als Ansprechpartner. Es reicht in diesen unruhigen Zeiten auch nicht mehr, dass die Kirche der erschreckenden Wahrheit, dass junge Menschen sich radikalisieren, nur fassungslos gegenübersteht. Sie muss Verantwortung übernehmen und ihren Beitrag dazu leisten, dass die unredlichen Verführer im Netz entlarvt werden und ihnen das Feld »Internet« nicht überlassen bleibt. Das gilt vor allem in Bezug auf Rechtsradikale mit ihren Deutungsangeboten, die von jeher die Jugend als Zielgruppe im Fokus hatten. Das gilt aber genauso in Bezug auf jeden anderen Vertreter von radikalem Gedankengut und Fanatismus.

Außer den erwähnten Reisen, bei denen frisch Konfirmierte die Gemeinschaft der Gruppe noch etwas fortleben lassen wollen, gibt es noch weitere Möglichkeiten, ihnen dieses Erleben zu erhalten. Man könnte die ganze Gruppe für ein konkretes Projekt ansprechen, zu dem sich die Jugendlichen dann in der Kirche weiterhin zusammenfänden. Natürlich hängt es grundsätzlich auch von den jeweiligen Gegebenheiten der Gemeinde vor Ort ab, was möglich ist und was sinnvoll. Wenn es bereits eine aktive Gemeindejugend im Umkreis gibt, kann dies enorm helfen.

Einiges könnte die evangelische Kirche noch versuchen, um die Konfirmierten nicht direkt wieder zu verlieren, so wie die drei Pfarrer ihre Tauben im Glockenturm. Denn im Gegensatz zu den drei Herren, die ihre Tiere ja loswerden wollten, findet sich (hoffentlich) niemand unter den christlichen »Brüdern« und »Schwestern«, der diese wunderbaren jungen Leute in der Kirche nicht mehr sehen möchte. Vielleicht sollten wir den Jugendlichen das landauf und landab einmal öfter sagen als bisher, auch wenn sie uns als Konfirmanden mit ihrem Gequatsche und ihren Faxen im Gottesdienst manchmal extrem genervt haben.

Eines ist gewiss: Eine Kirche ohne Jugend ist aus vielerlei Gründen nicht vorstellbar – und nicht gewollt. Ihre Lebendigkeit, ihre Fragen und auch ihre Provokationen, das alles tut uns richtig gut.

»UTE, ICH HABE ETWAS SCHLIMMES GETAN, KANN ICH BEI DIR DIE BEICHTE ABLEGEN? BITTE!«

Sünde und Schuld,
Vergebung und Freiheit

Die Stimme am Telefon kannte ich gut; der Mann, nennen wir ihn Willi, kam schon lange in unsere Gemeinde. Er klang sehr aufgewühlt. Ich spürte, dass er in großer seelischer Not war. In so einer Situation muss, wenn irgend möglich, alles andere einfach warten. Ich lud ihn ein, sofort in mein Büro zu kommen. Eine Stunde später war Willi da; ziemlich unsicher betrat er den Raum. Ich wusste, dass er Latte Macchiato genauso liebt wie ich, also machte ich uns beiden erst einmal einen, um den Anfang etwas leichter zu machen. Willi versuchte sehr, seine Anspannung zu überspielen. Doch es gelang ihm nicht. Völlig verständlich, denn das, was er am Telefon angedeutet hatte und jetzt bei seiner Pastorin aussprechen wollte, war, so seine Worte, etwas »Unverzeihliches«.

Zunächst redeten wir über dies und das. Ich sprach ihn, der Fußball-Fan war, auf das letzte Spiel von Hertha BSC in der Bundesliga an, das mehr als bescheiden war. Und er schien etwas ruhiger zu werden. Nach einigen Minuten aber sprang er plötzlich auf und sagte: »Vielleicht komme ich doch besser ein anderes Mal wieder. Du hast ja sicher auch viel zu tun ...« Ja, es erfordert Mut, offen zu sagen, dass man Schuld auf sich geladen hat. Und Willi hatte wohl jetzt doch Angst vor der eigenen Courage bekommen. Das verstand ich gut, und ich hielt ihn natürlich nicht zurück, ich sagte nur: »Ich bin für dich da. Vielleicht kann ich dir ja helfen.«

Willi zögerte und setzte sich wieder hin. Und dann fing er an zu erzählen, über alles, was ihn so sehr belastete. Es stellte sich bald heraus, dass es sehr komplex war, was gerade in seinem Inneren passierte. Es ging nicht nur um diese eine »Begebenheit«, für die er sich schuldig fühlte und die er jetzt vor Gott beichten wollte. Es hatte sich einiges in seinen Gefühlen, Ängsten und Gedanken vermischt, und Altes, das er wohl lange verdrängt hatte, war wieder aufgebrochen. Je länger wir miteinander sprachen, desto mehr entspannte Willi sich. Es tat ihm gut, einfach mit jemandem über seinen inneren Zustand zu reden. Und der dringende Wunsch, jetzt die Beichte abzulegen, rückte langsam in den Hintergrund.

»Können wir uns noch mal treffen und reden? Vielleicht hilft mir das, mich etwas zu ordnen«, wollte Willi von mir wissen. Und auch, ob die Beichte dann auch später noch sein könnte. Ja natürlich, das konnte sie. Wir trafen uns noch mehrmals zu seelsorgerlichen Gesprächen. Und dann, am Ende, trafen wir uns direkt am Altar Gottes. Dort beichtete Willi im rituellen Rahmen. Als wir danach aus der Kirche kamen, liefen ihm die Tränen herunter. »Ich bin so froh, dass mir nun auch diese eine große Last genommen ist«, sagte er erleichtert. Willi war wieder mit Gott und sich im Reinen: »Es fühlt sich so an, als ob meine Seele endgültig wieder frei durchatmen kann.« Dann ging er.

Worum es in Willis Beichte konkret ging, bleibt natürlich für alle Zeit dort im Altarraum. Gott weiß es, das ist genug. Im Übrigen dürfte ich darüber auch gar nichts sagen, denn auch in der evangelischen Kirche gilt das Beichtgeheimnis. Gerade zu diesem Thema wird mir immer wieder die Frage gestellt, ob dieses Schweigen-Müssen wirklich so radikal ist, wie es in den Filmen immer dargestellt wird. Dass also, wenn jemand eine

Straftat beichtet, der oder die Geistliche eben nicht zur Polizei gehen kann und auch sonst nichts sagen darf, auch nicht, wenn er vor Gericht als Zeuge benannt wird. Ja, das ist wirklich so. Vor Gericht etwa haben ordinierte Pastoren beider Konfessionen ein verbrieftes Aussageverweigerungsrecht.

Gleichwohl wird der geistliche Begleiter in der Praxis in so einem Fall sicher versuchen, seelsorgerlich darauf hinzuwirken, dass der oder die Betroffene sich der eigenen Verantwortung stellt und selbst zur Polizei geht. Aber die Entscheidung, dies zu tun, liegt allein bei ihm oder ihr. Das Beichtgeheimnis gilt, nach meinem Verständnis, absolut und kann nicht relativiert werden. Denn gerade der geschützte Raum und die Gewissheit der Vertraulichkeit sind es doch, die es den Menschen erleichtern, sich ihren eigenen Dunkelheiten zu stellen. Beichtwillige sollen wissen, dass sie sich vorbehaltlos bei einem Beichtvater oder einer Beichtmutter aussprechen können, und dass ihr Gegenüber das Gehörte auch nicht wieder ansprechen wird.

Wenn heute von Beichte gesprochen wird, haben die meisten immer noch sofort den dunklen Beichtstuhl mit den zwei Kammern vor Augen – und einen katholischen Priester. Das liegt zum großen Teil sicher auch daran, dass dieses Motiv schon seit langer Zeit in der Literatur, im Film und im Fernsehen verarbeitet wird. Das Remake der Geschichten mit Pfarrer Braun, nun gespielt von Ottfried Fischer, ist das beste Beispiel dafür.

Es mag schon deshalb manchen erstaunen, ein ganzes Kapitel über die Beichte in diesem Buch zu finden, das doch von einer Protestantin und Pfarrerin geschrieben ist. Viele denken, dass es in der evangelischen Kirche überhaupt keine Einzelbeichte gibt. Und dass die wenigen Beichtstühle, die man dort in Kirchen sieht, nur Ausstellungsstücke sind.

In protestantischen Sonntagsgottesdiensten gibt es in der Liturgie ein allgemeines Sündenbekenntnis, das von der ganzen Gemeinde gesprochen wird. Und im Vater Unser ist von

Schuld und Vergebung die Rede, wenn alle gemeinsam beten: »Und vergib uns unsere Schuld! Wie auch wir vergeben unseren Schuldigern«. Beides ist segensreich. Aber eine Beichte, in der jemand allein seine ganz konkreten Sünden vor Gott und einem Seelsorger bekennt und er dann den Zuspruch der Vergebung Gottes bekommt, das ist etwas anderes, Persönliches.

Die Einzelbeichte gab es schon von Anfang an in der evangelischen Kirche, seit der Reformation. Und gerade Martin Luther schätzte sie sehr. In seinem Kleinen Katechismus schrieb er: »Die Beichte begreift zwei Stücke in sich: eins, dass man die Sünde bekenne, das andere, dass man die Absolution oder Vergebung vom Beichtiger empfange als von Gott selbst und ja nicht daran zweifle, sondern fest glaube, die Sünden seien dadurch vergeben vor Gott im Himmel.«

Luther ermutigte die Menschen, sich ungeschönt ins Angesicht Gottes zu stellen. Denn er war überzeugt, dass der, der sie da erwartet, ein barmherziger Gott ist. Luther selbst beichtete regelmäßig. Doch er wich, seinem reformatorischen Glauben folgend, in der theologischen Deutung des Beichtgeschehens deutlich von der römisch-katholischen Lehre ab. Der Reformator hatte erkannt, dass die Gnade Gottes das entscheidende Kriterium ist, auch im Zusammenhang von Sünde und Schuld. Er rückte die Beichte in ein neues, im wahrsten Sinne des Wortes *befreiendes* und *befreites* Licht, das Licht des Evangeliums vom Leben, Sterben und Auferstehen des Sohnes Gottes, Jesus Christus. Außerdem stellte sich Luther gegen die seinerzeit herrschende kirchliche Doktrin, dass die Menschen nur dann Vergebung ihrer Schuld von Gott erwarten dürfen, wenn sie vor dem Altar vollständig bekennen, also nichts weglassen, was sie sündig gedacht, gesagt oder getan haben. Die große Angst der Menschen, dass sie etwas vergessen haben könnten und kein Heil erführen, ist leicht nachzuvollziehen. Luther hatte ein anderes Verständnis. Der Mensch solle das beichten, was ihm jetzt und hier als Schuld bewusst ist. Und dann getrost nach Hause gehen. Denn Gott vergibt nicht aufgrund der Vollständigkeit eines Bekenntnisses, sondern aufgrund des Bekenntnisses an sich, so hat er es verheißen. In der Bibel heißt es zum Beispiel in 1. Johannes 1,9: »Christus spricht. Wenn wir unsere Sünde bekennen, ist Gott treu und gerecht, dass er uns die Schuld vergibt und uns reinigt von aller Ungerechtigkeit.« Und wenn jemandem zu einem späteren Zeitpunkt noch andere Sünden bewusst würden, könne er ja wieder zur Beichte gehen. Luther lag die seelsorgerlich orientierte Begleitung der Menschen am Herzen, auch, wenn es um deren Auseinandersetzung mit der eigenen Schuld ging.

Im Laufe der Jahrhunderte änderte sich allerdings der Stellenwert der Einzelbeichte in der evangelischen Kirche, auch im Land der Reformation. Mit der Aufklärung traten die Autonomie und die Freiheit des Menschen in den Vordergrund, und mehr und mehr geriet auch der Ritus der Beichte ins Abseits, auch wenn sich gegen diese Entwicklung durchaus innerkirchlicher Widerstand regte, von Laien ebenso wie von Theologen. Der konnte aber nicht verhindern, dass die Einzelbeichte bei den Protestanten schließlich ihren hohen Stellenwert einbüßte.

Ein frühes Beispiel für die Wiederbelebung des Beichtens in der evangelischen Kirche ist das Predigerseminar, das der bekannte Theologe Dictrich Bonhoeffer von 1935 bis 1937 in Finkenwalde bei Stettin leitete. Bonhoeffer beschreibt diese Praxis als sehr segensreich und heilsam für die gesamte Gemeinschaft. Vor allem die gegenseitige Beichte der Seminaristen untereinander wurde von ihm als Direktor sehr gefördert. Beichten konnte bei ihm ganz einfach mitten im Alltag geschehen, einen rituellen Rahmen dafür bräuchte es, so Dietrich Bonhoeffer, gar nicht.

Mitte des zwanzigsten Jahrhunderts, der Zweite Weltkrieg war noch nicht lange her, begann eine deutliche innerkirchliche

Bewegung, die Einzelbeichte wieder in das evangelische Kirchenprofil zu reintegrieren. Zunächst waren es vor allem evangelische Kommunitäten und Bruderschaften, die die Einzelbeichte wieder regelmäßig praktizierten.

Als 1956 der Frankfurter evangelische Kirchentag die »Beichte in evangelischer Gestalt« zum Thema machte, rückte die Reintegration der Einzelbeichte als eins der identitätsstiftenden Elemente der protestantischen Kirche endgültig in den Vordergrund. Kritiker hielten dagegen, dass dies doch gar nicht nötig sei. Schließlich sei die Einzelbeichte ja da und nie »weg« gewesen. Sie sei doch jederzeit möglich, da sie zu den seelsorgerlichen Aufgaben der Pfarrerinnen und Pfarrer gehöre.

Doch, mal ehrlich, überhaupt einen Pfarrer in seiner Sprechstunde aufzusuchen, ist für nicht wenige Menschen schon eine schwierige Sache. Erst recht, wenn sie nicht zum harten Kern der Gemeinde gehören. Aber zu einem Pfarrer zu gehen mit der Bitte, beichten zu dürfen, diese Schwelle ist für etliche Menschen zu hoch. Es wäre für manchen Beichtwilligen sicher erheblich leichter, einen Zugang zu haben, der ihm entgegenkommt, wie es zum Beispiel eine regelmäßige offene Beichtstunde in der Kirche bietet.

Erleichternd ist für manchen sicher auch, dass es nach reformatorischem Verständnis nicht nur die Pfarrerinnen und Pfarrer sind, die eine Beichte seelsorgerlich begleiten können, sondern genauso entsprechend geschulte Laien.

Vielleicht ist aber eine Diskussion über die Neubelebung der Beichte am Ende sowieso nur innerkirchlich relevant. Denn das Bedürfnis, sich mit der eigenen Sündhaftigkeit, der eigenen Schuld überhaupt noch im Licht des christlichen Gottes auseinanderzusetzen, scheint bei modernen Menschen sowieso weniger vorhanden zu sein als früher. Sogar in der katholischen Kirche gehen heute weniger Menschen zur Beichte. Auch die theologischen Begriffe wie Sünde, Schuld, Buße und Vergebung verschwinden in der gesellschaftlichen Sprache mehr und mehr, oder sie werden ausgehöhlt und verniedlicht gebraucht. Wie ging das alte Lied von Willy Millowitsch aus den siebziger Jahren noch: »Wir sind alle kleine Sünderlein, 's war immer so ...«.

Auch in der evangelischen Kirche tun sich manche damit schwer, wenn es in einer Bibelarbeit um Sünde und Schuld geht. Das Thema behagt vielen nicht recht. Das kann ich verstehen, und vielleicht habe ich mich auch deshalb selbst schon dabei ertappt, dass ich in einer Predigt lieber Ersatz-Begriffe verwendet habe, wie zum Beispiel »Versagen« oder »Fehler«. Das klang weniger herausfordernd für die Zuhörerschaft. Ich wollte auch nicht, dass sich jemand von mir reglementiert oder gemaßregelt fühlt. Oder mir vorwirft, dass ich ihn kleinmache. Aber das Wesentliche der biblischen Aussage habe ich auf diese Weise natürlich nicht redlich getroffen.

Denn ein »Fehler«, das ist etwas ganz anderes als eine »Sünde, eine Schuld«. Ein Fehler wird meistens verstanden als etwas, an dem man, wenn er einem als solcher bewusst wird, selbst etwas ändern kann. Man muss nur genügend an sich arbeiten. Außerdem kann man für die eigenen Fehler Gründe finden und sich selbst und das eigene Handeln damit rechtfertigen.

Menschen wollen autonom sein, auch im Umgang mit sich selbst. Und doch ist jeder von uns ein Beziehungswesen. Durch die Interaktion mit anderen, in der Partnerschaft, in der Familie, mit Freunden und am Arbeitsplatz besteht eine weitere Möglichkeit, sich selbst zu erleben, zu hinterfragen und sich mit seinen »Fehlern« auseinanderzusetzen. Die Menschen in unserem Umfeld sind also eine Art ethisches Korrektiv. Eine übergeordnete, göttliche Instanz mit bestimmten Normen scheint da doch entbehrlich zu sein.

In unserer Leistungsgesellschaft muss jeder den eigenen Platz finden und dann möglichst behaupten. Wer möchte nicht gut dastehen und, vor allem, dem eigenen hohen Selbstbild entsprechen? Und im Falle, dass dies nicht gelingt, daran so lange arbeiten, bis es das tut. Heute reflektieren sehr viele Menschen, sie überdenken ihr Leben, allein, aber oft mit professioneller Begleitung. Angebote und Methoden dazu gibt es etliche. Manche gehen regelmäßig zum Therapeuten, wollen das »Warum« ihres Charakters und Verhaltens verstehen, den inneren Prägungen und der eigenen Sozialisation auf den Grund gehen. Andere gehen zur Supervision oder zum Coach, um ihr berufliches Handeln anzuschauen und ihre Kompetenzen reifen zu lassen. Wieder andere gehen ein Jahr lang in einen indischen Ashram. Die evangelische Kirche scheint hier als hilfreiches Gegenüber seltener im Blick zu sein. Vielleicht ist dies aber auch zu einem guten Teil das Resultat der Vergangenheit, in der die Kirche sich nicht gerade als sensibler Gesprächspartner für »Fehler« und »Schuld« empfohlen hat. Viele Menschen, auch nichtkirchliche, kennen die Historie. Und dass Etliche auch heute noch bei Worten wie »Sünde und Schuld«, im Raum der Kirche gesprochen, sofort an »Strafe«, »Hölle«, »Demütigung« und »Angst« denken, kommt auch nicht von ungefähr. Genausowenig dass mancher die Beichte nur als eine Methode der Kirche sieht, Menschen kleinzumachen.

Da ist noch einiges an öffentlicher Aufarbeitung nötig. Dass Gott nicht zum Fürchten ist, dass er nicht demütigt oder straft, schon gar nicht verdammt – das muss die Kirche laut und deutlich als ihre Überzeugung, ihren Glauben, verkündigen. Und auch, dass Gott uns alle im Licht seines Sohnes Jesus Christus sieht, der die Menschheit mit seinem Leiden am Kreuz für alle Zeiten mit ihrem Schöpfer versöhnt hat.

Ich kenne kaum einen Menschen, dem es nicht unangenehm ist, über Schuld zu reden, jedenfalls über die eigene. Über die von anderen sprechen wir viel lieber. Die Führenden in Politik und Gesellschaft sind uns darin ein schlechtes Vorbild. In den Medien, besonders im Fernsehen, gewinne ich Tag für Tag den

Eindruck, dass es bei den politischen Interviewpartnern weniger um die Beantwortung der konkret gestellten Frage geht, als darum, den politischen Gegnern wieder ein Fehlverhalten vorzuwerfen. Einen traurigen Höhepunkt bildeten da manche Kommentare zum Terroranschlag auf den Berliner Weihnachtsmarkt am Breitscheidplatz im Dezember 2016. Auch in Beziehungskonflikten erlebt man das öfter in Reinkultur. Ich erinnere mich noch gut an ein frisch geschiedenes Ehepaar, das zu mir in die Mediation kam, um sich über den Verbleib des gemeinsamen Hundes zu einigen. Doch schon bald waren sie wieder mitten in ihrer gescheiterten Beziehung gelandet. Und dann ging es los: «Du bist schuld!« – »Nein, du bist schuld!« – »Hättest du damals nicht das getan«, – »Und wärst du nicht letztes Jahr so gewesen.« Und so weiter und so fort.

Menschen wissen oft viel über Art und Ausmaß der Schuld eines anderen zu berichten, oftmals aus Enttäuschung und Verletzung. Auch Gott steht oft am Pranger, weil er vermeintlich so viel Elend zulässt und Krieg und Hunger auf der Welt nicht verhindert. Deutlich seltener ist von jemandem zu hören: »Ja, ich war es. Ich habe mich schuldig gemacht, und zwar da und dort.«Außer vielleicht in einer guten Partnerschaft, bei vertrauten Freunden, im therapeutischen Kontext oder im Gebet zu Hause, allein vor Gott. Schuld sein möchte keiner, ich auch nicht. Und doch passiert es, immer wieder – und zwar jedem und jeder von uns. Es gehört zum Mensch Sein dazu. Alle haben auch Dunkles in sich, aber wir schauen es so ungern an, weil es unser Bild von uns selbst tüchtig durcheinanderschüttelt. Ein befreundeter Therapeut sagte mir kürzlich, dass er generell vermeidet, überhaupt mit dem Schuld-Begriff zu arbeiten. Vielen Klienten würde das Angst machen. Außerdem wäre ihm sehr wichtig, als Erstes zu klären, inwieweit es sich bei einem Klienten vielleicht eher um pathologische Schuldgefühle handelt als um reale Schulderfahrung.

Auch in der christlichen Seelsorge und in Bezug auf die Beichte ist diese Unterscheidung sehr wichtig. Im ersten Fall wäre eine Beichte nicht angezeigt und könnte sogar eher schaden als helfen. Denn durch das rituelle Geschehen von Bekenntnis und Absolution würde sich der Betreffende eher in seinen Schuldgefühlen bestärkt fühlen. Und die vorhandene seelische Disbalance könnte sich im schlimmsten Falle manifestieren. In der Beichte geht es um reale Geschehnisse, die sozusagen »nachweisbar« sind, und eben nicht um die reine Annahme, etwas könnte vielleicht schuldhaft gewesen sein.

Aber im Fall, dass jemanden eine reale Schuld quält, kann die Beichte eine sehr große Hilfe werden, gerade auch in lebenskritischen Phasen eines Menschen. Hier arbeiten Seelsorger und Psychologen oftmals erfreulich gut zusammen. Denn selbst die beste Therapie vermag nicht zu sagen: »Deine Schuld ist vergeben.« Sie kann einem Menschen helfen, sich dieser inneren Last bewusst zu werden, und ihm Mut machen, sich diesem Thema zu stellen. Aber Schuld vergeben, das vermag am Ende nur Gott, und der bietet uns das gerne an.

In der evangelischen Kirche ist niemand verpflichtet zu beichten. Das würde schon der Grundüberzeugung von der protestantischen Freiheit widersprechen. Jeder Mensch ist für das eigene Leben, auch das religiöse, selbst verantwortlich. Und er entscheidet selbst, was er tut oder unterlässt.

Eine Beichte dient in erster Linie dem Beichtenden selbst, sie schenkt ihm Befreiung und, spirituell gesehen, einen neuen Anfang. Der Ritus bietet aber nicht nur einen geschützten Raum, um von einer Last frei zu werden, sie hilft dem Menschen auch, zu reifen, sich selbst ganzheitlicher wahrzunehmen, auch mit den Schattenseiten. Und wenn eine christliche Gemeinde als Ganze regelmäßig untereinander beichten würde, so wie es bei Bonhoeffer in Finkenwalde war, dann könnte das auch vieles ermöglichen. Es könnte zum Beispiel dazu führen, dass manche »Brüder« und »Schwestern« sich gegenseitig wohlwollender betrachten, weil sie umeinander wissen, sich in der Beichte gegenseitig ohne Fassaden gezeigt haben. Jeder Beichtende sieht sich selbst ehrlich ins Gesicht, und ein anderer, der ihn dabei begleitet, erlebt das mit. Und beim nächsten Mal sind die Rollen umgekehrt. Ich glaube, es würde sich in einer christlichen Gemeinschaft etwas zum Besseren bewegen, wenn wir einander unsere »sündige« Seite nicht mehr vorenthalten würden. Und uns gemeinsam darüber freuen könnten, dass wir alle gleichermaßen von der Gnade Gottes leben, vom Zuspruch seiner Vergebung.

Sie ist eine kostbare Gabe unseres Schöpfers, ein wertvolles Geschenk, das ein Mensch nur annehmen muss. Doch genau das ist für manchen das Problem bei der Beichte. »In diesem Leben wird einem nichts geschenkt!«, sagen viele. Geschenke, erst recht so große, entsprechen so gar nicht der sonstigen Lebenswirklichkeit in einer Leistungsgesellschaft. In unserer Welt ist eigene Anstrengung entscheidend, eigenes »Schaffen« angesagt. Mitunter ist sogar Skrupellosigkeit erforderlich, wenn man seine Ziele erreichen will. Die Band »Die Prinzen« sang vor einigen Jahren : »Du musst ein Schwein sein in dieser Welt«. Und dann kommen da Zusagen wie Vergebung der begangenen Schuld und Freiheit daher, als Geschenk Gottes, ohne Auflagen, ohne Strafe, ohne sogenannte Bußhandlungen.

Das kann doch nicht so einfach sein?! Das fragte sich auch auch Willi und erzählte mir, dass er sich, nachdem die erste Freude nach der Beichte verflogen war, eine Zeitlang doch wieder Vorwürfe gemacht habe und die »Geschichte« nicht hinter sich lassen konnte. Er habe das Gefühl gehabt, dass er selbst auch noch etwas zur Wiedergutmachung tun müsse. Doch das geht nicht. Zu Gottes Vergebung etwas zu leisten, dazu sind wir Menschen nicht in der Lage. Jesus Christus hat dies längst für uns getan. Seinem »Es ist vollbracht« am Kreuz ist nichts hinzuzufügen. Das Einzige, was der Mensch tun kann, ist, dies zu glauben, und Gott zu danken.

Wir können auch nichts dazu tun, dass die Menschen, die durch unsere Schuld Schaden genommen haben, uns vergeben. Sicher ist es geboten, auch mit ihnen wieder ins Reine zu kommen. Aber was die anderen mit unserem Bekenntnis und unserer Bitte um Verzeihung machen, das liegt in deren Ermessen. Und auch wenn sie Christen sind, »müssen« sie nicht zwangsläufig vergeben und einen neuen Anfang miteinander möglich machen. Menschliche Vergebung ist eine freiwillige Sache, göttliche Vergebung dagegen eine Verheißung.

Im gesellschaftlichen Miteinander funktioniert der Weg des gegenseitigen Bekennens von Schuld oder auch das Bitten um Verzeihung nicht wirklich gut. Der zwischenmenschliche Umgang mutiert eher zu einer Katastrophe, und das nicht erst seit Donald Trumps Wahlkampf. Auch in Deutschland sind ungestrafter Rufmord und Verleugnung an der Tagesordnung. Dazu Rassismus, Intrigen, Cyber-Mobbing, Populismus und Fake News. Vor allem der sprachliche Umgang ist verroht. Wenn es wenigstens nur die Worte wären, aber den Reden folgen ja meistens auch Taten. Schuldbekenntnisse sind eher eine Ausnahme. Radikale Gruppen und Einzeltäter übernehmen gern medienwirksam Verantwortung, bekennen sich zu ihren Gräueltaten. Aber von Erkenntnis, dass sie Schuld auf sich geladen haben, und von Reue ist da keine Spur, die gibt es nämlich nicht.

Es ist schwer, sich überhaupt noch vorzustellen, dass jemand den ersten Schritt auf den anderen zu macht und sagt: «Du, ich bin an dir schuldig geworden, als ich dich wegen deiner Hautfarbe geschlagen habe« oder »peinliche Partyfotos von dir bei facebook gepostet habe« oder »dich im Laden als Türken-Schlampe bezeichnet habe. Es tut mir sehr leid, bitte vergib mir!«

Selbst in den Kirchen scheint das Eingestehen von eigener Schuld bei manchem aus dem Bewusstsein verloren gegangen zu sein. Bei den öffentlichen Enthüllungen der letzten Jahre kam vielen Menschen der Gedanke, dass Bekenntnis und Reue vor Gott und dem Nächsten, von dem einen oder anderen Gottesdiener zwar gepredigt, aber im eigenen Handeln nicht angewendet wird. Viele Opfer von Missbrauch durch Geistliche etwa warten weltweit seit Jahrzehnten auf ein Schuldbekenntnis, nicht auf ein schwammiges allgemeines »Wir sind selbst schockiert. Es tut uns leid!« der Kirchenleitungen, sondern auf das persönliche des Täters selbst. Der auf wahren Begebenheiten beruhende oscar-prämierte Film »Spotlight« aus dem Jahr 2015 verdeutlicht das Ausmaß von Missbrauchsfällen und den oft üblichen Umgang der Kirche damit. Die Liste der bekannt gewordenen Fälle im Epilog lässt einen schaudern. Und die zeigt nur die kleine Spitze eines riesigen Eisbergs. Und hat nur die katholische Kirche in Amerika im Fokus.

Bei solchen Tätern wäre die Beichte in meinen Augen nur einer der zwingend nötigen Schritte. Sie müssten sich um der Opfer willen einer strafrechtlichen Aufarbeitung stellen und aufhören, mit »Hilfe von oben« zu vertuschen. Aber wie gesagt, kein Beichtvater könnte sie dazu zwingen. Und es gilt, auch wenn sich in mir alles dagegen wehrt und es mir schwerfällt, diesen Satz zu schreiben: Auch diesen Leuten gilt im Fall der Beichte die göttliche Verheißung von der Vergebung.

Zurück zum Beichten in der modernen Welt: Aktuell wird sie sogar im Internet angeboten und kommt sozusagen zu den Menschen ins Haus. Online finden sich Webseiten wie zum Beispiel www.beichthaus.com oder www.deinbeichtstuhl.de. Was getan wurde, kann in der Regel als Bekenntnis eingetippt werden. Manchmal kann man anklicken, ob das Bekenntnis für alle User lesbar sein soll oder nur für registrierte Mitglieder. Eine Absolution durch professionelle Seelsorger gibt es meines Wissens nicht. Auf der Seite www.beichte.de wird man aber wenigstens von einer Stimme mit »Im Namen des Vaters, des Sohnes und des Heiligen Geistes« begrüßt und kann sich dann durch den Beichtprozess klicken. Am Schluss besteht die Möglichkeit, virtuell eine Kerze anzuzünden. Bei Beichthaus.com geben andere User Rückmeldung zum Bekenntnis. Positive Kommentare mögen bei der Verarbeitung der Schuld ein wenig helfen, aber manchmal hat man auch Pech und erntet einen Shitstorm.

Ich habe mir einige Webseiten etwas genauer angesehen. Und auf einer habe ich probeweise »gebeichtet«. Beim Lesen von zugänglichen »Beichten« war ich oft fassungslos. Es handelte sich bei den Beiträgen zum Teil um reine Verballhornung der Beichte, um es mal nett auszudrücken. Bei den meisten anderen, die ich gelesen habe, wirkte es auf mich wie ein Wettstreit in Sachen schlechtes Benehmen und unmoralisches Verhalten. Den Betreibern der Seiten geht es ja auch selten um die christliche Beichte, um Religion allgemein, oder um Gott. Es geht um Geld und Unterhaltung, um das Geschäft mit den Klicks.

Ähnlich ist es bei dem Geschäft mit den Einschaltquoten. Anfang der neunziger Jahre begann, vor allem bei den privaten TV-Sendern, ein neues Format, die Talk-Show am Vor- oder frühen Nachmittag. Die Älteren erinnern sich bestimmt noch. Mit Hans Meiser fing es 1992 an. Und dann kamen Ilona Christen, Bärbel Schäfer, Pilawa, Britt und unendlich viele mehr. Die Gäste, nicht selten eher schlichteren Gemüts, sprachen dort über Sorgen und Nöte, aber zunehmend auch über »begangene Sünden«. Auch dort wurde der Begriff »Sünde« aber sehr ausgehöhlt gebraucht. Ohne Ende wurde Indiskretes in die Wohnzimmer der Nation gebracht. Die Geständnisse von Ehebruch, Diebstahl und Betrügereien nahmen kein Ende. Später kamen noch die live durchgeführten Vaterschaftstests dazu, die (natürlich) oft eine Frau als untreu entlarvten. Den Zuschauern die Empörung des Ehegatten live in die gute Stube zu bringen, war ein besonders probates Mittel, die Leute am Bildschirm zu halten.

Ungefähr zeitgleich etablierte RTL noch die wöchentliche Sendung »Verzeih mir«, die bis heute mehrfach abgesetzt und dann wieder ausgestrahlt wurde, bei wechselnden privaten Sendern. Anfang 2016 liefen wieder einige Folgen. Das ist keine Talk-Show mit Bekenntnissen, sondern, aktuell jedenfalls, eine Art Real-Doku. Die Moderatorin versucht, für »reumütige« und versöhnungsbereite Leute diejenigen Menschen aus ihrem Leben aufzuspüren, denen sie wehgetan haben. Die findet sie meistens – und dann kann der Zuschauer live und in Farbe miterleben, wie mit vielen Tränen um Vergebung gebeten wird.

Mit dem christlichen Ritus der Beichte hat das nichts zu tun. Wer ernsthaft beichten möchte, der sollte sich die Schuhe anziehen und in die Kirche seiner Wahl gehen, zu einer echten Person aus Fleisch und Blut. Eine Seelsorgerin oder ein Seelsorger bieten sicher mehr als ein computergestütztes *Ego te absolvo*, nämlich professionelle, empathische und unvoreingenommene Begleitung und einen geschützten Raum. Klingt fast wie ein Werbeflyer.

Ich habe mich aus Interesse bei Menschen aus meinem Umfeld zur Beichte umgehört, in meinem Freundeskreis, beim Friseur, im Café und in meinem Berliner Kiez. Ich fragte meine Gesprächspartner ganz allgemein, wie sie dazu stehen, und habe sehr offene und positive Antworten bekommen, vor allem von denen, die der Kirche distanziert gegenüberstanden. Das erstaunte mich dann doch. Auffallend war, dass kaum einer wusste, dass es die Einzel-Beichte in der evangelischen Kirche gibt. Viele waren interessiert, wie das denn bei »uns« abläuft, wo wir doch keine Beichtstühle haben. Einer fragte mich, ob man bei uns zur Buße auch zwanzig Vater Unser beten müsse. Worum es beim Beichten eigentlich geht, wussten die meisten, na ja, in Grundzügen zumindest. Das hätte ich nicht gedacht. Und viele meinten, dass die Beichte Menschen sicher helfen könnte, mit quälender Schuld abzuschließen und davon frei zu werden. Der

Altar Gottes wäre doch der beste Ort dazu, schließlich gibt es da ja Hilfe »von oben«. Am Ende fragte ich alle, ob sie sich vorstellen könnten, auch selbst einmal beichten zu gehen. Da waren die Leute dann doch deutlich zurückhaltender. Einige lehnten nicht grundsätzlich ab, meinten aber, es würde ihnen doch zu peinlich sein, die eigenen »Schandtaten«, gerade auch die sexuellen, ganz offen auszusprechen, und das noch in Gegenwart einer geistlichen Person. Das konnte ich zwar nachvollziehen, versicherte aber allen, dass evangelische Seelsorger keine Nonnen und Mönche sind. Und dass sie mit derartigen Bekenntnissen durchaus umgehen können.

Die Mehrzahl der Gefragten war der Ansicht, dass es eine gute und wichtige Sache wäre, wenn alle evangelischen Kirchengemeinden regelmäßige Beichtstunden anböten und diese öffentlich bewerben würden, zum Beispiel im Schaukasten. Das wäre eine gleichermaßen ermutigende wie mahnende Einladung an die Menschen, über das eigene Verhalten nachzudenken.

Meine Umfrage war natürlich nicht repräsentativ, aber schon dieser kleine Ausschnitt an Meinungen verschiedener Altersgruppen zeigte mir, dass die Beichte offensichtlich nicht mega-out ist.

Manche Menschen möchten gern beichten, wenn ihr Leben zu Ende geht, einige davon aus Furcht vor dem »göttlichen Richter«, vor dem sie ja bald stehen würden. Ich denke ja, diese Angst ist unbegründet, dennoch ist sie, wenn sie jemanden bewegt, natürlich ernst zu nehmen. Mitunter dringt aber auch erst am Lebensende eine alte Schuld ins Bewusstsein, die noch nie ausgesprochen wurde. Ich erinnere mich an einen Fall, wo ein Mensch nicht sterben konnte, weil ihn etwas sehr quälte. Es stellte sich heraus, dass es etwas gab, das nie bereinigt wurde. In solchen Fällen bleibt oft keine Zeit mehr, um noch mit betroffenen Menschen ins Reine zu kommen. Aber zumindest in der Beziehung zu Gott noch Frieden zu finden, bedeutet den Sterbenden dann sehr viel.

Eine Kollegin erzählte mir von einem hochbetagten gläubigen Herrn, den eine alte Schuld, die er mit zwanzig Jahren auf sich geladen hatte, schon lange umtrieb, die er aber immer wieder weggedrückt hätte. Eines Tages, ihm blieb kaum noch Lebenszeit, wäre das aber nicht mehr gegangen. Da sprach er dann über all das mit der Kollegin. Am Ende beichtete er. Ich konnte nicht nachvollziehen, warum dieser Mensch so viel Kraft investiert hatte, das Geschehene zu verdrängen. Wäre er früher an den Altar Gottes getreten oder zumindest zu einem Seelsorger gegangen, hätte er sein Leben entlasteter führen und seine Energie für anderes, Lebensförderndes einsetzen können. Die Kollegin erzählte, dass sie ihn genau das gefragt hätte. Er gab Folgendes zur Antwort: »Ich habe mich einfach zu sehr geschämt ...«

Zum Glück gibt es heute zunehmend protestantische Orte, an denen die Beichte angeboten wird, auf Wunsch auch völlig anonym. Da sind zum Beispiel zentral gelegene Kirchen in den Städten, die regelmäßige Beichtstunden durchführen. Auch im Rahmen der Klinik- und Urlaubsseelsorge ist immer Raum für eine Beichte, und manche Kirchengemeinden haben sie als konkretes Angebot in ihrem Wochenkalender stehen. Besonders frequentiert werden schon seit langem die Beichtangebote auf den Kirchentagen. Und viele Jugendliche, die mit Tausenden anderen jungen Menschen im Sommer Zeit in der bekannten Bruderschaft in Taizè (Frankreich) verbringen, wenden sich an einen der Brüder dort.

Nicht selten kommen Menschen zur Seelsorge, die an eine Beichte gar nicht denken. Sie suchen Rat, Beistand oder Fürbitte. Aus solch einem Gesprächsprozess kann aber durchaus der Wunsch wachsen, gemeinsam den Ritus der Beichte zu vollziehen. Umgekehrt möchte auch mancher, so wie Willi, sofort beichten – und stellt dann fest, dass Gespräche erst einmal der richtige Weg sind.

»Wie läuft denn so eine evangelische Beichte eigentlich ab?«, werde ich oft gefragt. Die Kernpunkte wie Bekenntnis, Reue und Absolution sind natürlich grundsätzlich gleich, aber in der Gestaltung der Liturgie und des Rahmens gibt es durchaus verschiedene Möglichkeiten. Manche möchten auch nicht am Altar in der Kirche, sondern im vertrauten Zuhause beichten. Andere wiederum möchten es lieber ganz anonym irgendwo in der Stadt tun. Gott ist zum Glück überall und zu jeder Zeit ansprechbar.

Ich skizziere zum besseren Verständnis mal einen möglichen Ablauf. Es gibt übrigens im Internet auf den Kirchenseiten viele Vorschläge zu Texten und Gebeten, auch im evangelischen Gesangbuch sind welche zu finden.

Zur Eröffnung werden einige Worte zu den biblischen Grundlagen der Beichte gesagt und noch einmal das Beichtgeheimnis erläutert. Nach einem Votum des geistlichen Begleiters, wie zum Beispiel »Im Namen des Vaters, des Sohnes und des Heiligen Geistes«, und einem hinführenden Gebet lädt der Seelsorger sein Gegenüber zum persönlichen Bekenntnis ein. Das könnte so klingen: »Nun sprich vor deinem Schöpfer aus, was dir schwer auf der Seele liegt, wo du Schuld auf dich geladen hast!« Danach spricht der Beichtende seine konkrete Schuld aus, und auch, dass er bereut, was er getan hat. Am Ende bittet er oder sie Gott um Vergebung, im Vertrauen auf dessen Barmherzigkeit und Gnade. Mancher ist dafür zu aufgewühlt oder kann nicht so gut formulieren. Dann wählt der Seelsorger den Weg, ihn oder sie entsprechend zu fragen. Der Beichtende kann dann darauf antworten.

Danach spricht der Seelsorger oder die Seelsorgerin im Auftrag und im Namen Gottes die Worte der Absolution. Das klingt ungefähr so: »Lieber ..., liebe ...! Du hast deine Schuld mit aufrichtigem Herzen vor Gott bekannt. Darum spreche ich dir zu: Deine Schuld ist dir vergeben und von dir genommen! Im Namen des Vaters, des Sohnes und des Heiligen Geistes!« Je nach Situation lege ich dabei die Hände auf den Kopf desjenigen, der gebeichtet hat. Es folgt ein gemeinsames Vater Unser und manchmal noch eine symbolische Handlung, die den neuen Anfang im Lichte Gottes markiert. Das kann zum Beispiel eine Kerze sein, die nach der Beichte angezündet und nach Hause mitgegeben wird. Damit dieser Mensch sich auch daheim daran erinnert, dass er wieder ganz frei im Licht Gottes steht und getrost weitergehen kann. Die Beichte wird dann mit dem Segen des Seelsorgers abgeschlossen.

Ich werde manchmal gefragt, woran ich denn sicher erkenne, dass jemand wirklich aufrichtig bereut und bekennt. Na ja, zum einen steht es mir nicht zu, das in irgendeiner Weise zu bewerten. Zum anderen sieht Gott das Herz an, so sagt es die Bibel. Das reicht mir.

Wie bereits erwähnt, haben einige Menschen Probleme, die göttliche Vergebung anzunehmen, weil sie denken, sie müssten selbst noch etwas zur Wiedergutmachung leisten. Es gibt aber auch solche, die grundsätzlich sehr hart mit sich selbst ins Gericht gehen und sich einfach nicht erlauben, auch einmal nicht perfekt zu sein. Diese Menschen glauben durchaus, dass Gott ihnen im Beichtgeschehen vergeben hat, aber sie selbst vergeben sich nicht. Dann sollte der Betroffene mit seinem geistlichen Beicht-Begleiter, seinem Seelsorger, auf jeden Fall darüber sprechen. Denn das ist eine große Not. Und vielleicht braucht jemand ja neben der Seelsorge auch noch therapeutische Hilfe.

Manche Geistliche vertreten die Meinung, dass ein Mensch erst dann in der Beichte um Gottes Vergebung bitten könne, wenn er selbst auch bereit ist, denjenigen zu vergeben, die sich an ihm schuldig gemacht haben. Dem kann ich mich nicht anschließen. Natürlich frage ich, je nach Situation, auch danach, wie es um die grundsätzliche Bereitschaft steht, auch »seinen Schuldigern« zu vergeben – aber nicht im Sinne einer möglichen Vorbedingung für die Beichte.

Vergebung ist ein prozessuales Geschehen. Erst dann, wenn die eigene Verletztheit, der Ärger und die Enttäuschung durchlebt und durchlitten sind, ist eine Zusage der Vergebung aus meiner Sicht tragfähig. Zwischenmenschliche Versöhnung braucht einfach Zeit, wenn sie dauerhaft sein will. Die Phasen von Trauer, Schmerz und Wut sind gesund – und auch nötig, damit man sich mit seinem »Ich vergebe dir!« nicht am Ende selbst überholt.

Auch Pfarrerinnen und Pfarrer brauchen mitunter Raum für solche Prozesse. Also ich auf jeden Fall. Mir hilft es in diesen Phasen sehr, das Vater Unser ganz bewusst etwas anders zu sprechen. Ich bete dann: »... wie auch ich vergeben WILL meinen Schuldigern!« Will sagen: »Guter Gott, ich bin noch nicht so weit. Ich kann es heute noch nicht, aber ich will es tun, an dem Tag, wenn ich es dann können werde.«

Ich bin überzeugt, dass es überhaupt kein echtes Beichthindernis gibt. Ich glaube, dass jeder Mensch zu jeder Zeit zu Gott kommen kann, und das gerade auch mit seiner Schuld. Wenn es mehr geschulte geistliche Begleiter gäbe, vor allem auch Nicht-Pfarrer, könnte die evangelische Kirche mehr Möglichkeiten zur Beichte schaffen. Gerade Menschen aus dem »richtigen Leben«, die aus einer ähnlichen Erlebniswelt wie potentielle Beichtwillige kommen, könnten sicher einige Hemmschwellen abbauen helfen – und manchen Menschen ermutigen, doch mal hinzugehen.

Die Beichte hat heute sicher nicht den Platz im Leben der evangelischen Kirche, der ihr gebührt und den sie zu Luthers Zeiten hatte. Noch nicht! Aber es gibt sie bei uns, ganz gewiss – und die Einladung steht.

»Frau Pfarrerin, wir haben damals kirchlich geheiratet. Jetzt ist unsere Ehe am Ende. Haben wir vor Gott versagt?«

Wie Kirche helfen kann, Krisen zu lindern

Herr und Frau Meier kamen eines Tages in mein Pfarrbüro. Sie wirkten beide bedrückt. In der Hand hielt Frau Meier ein Schriftstück aus einer evangelischen Kirchengemeinde in Bochum. Es war die Urkunde ihrer kirchlichen Trauung einige Jahre zuvor.

Mir war zunächst nicht ganz klar, was dieses Paar von mir wollte. Waren sie in mein Gemeindegebiet gezogen und wollten die Pfarrerin kennenlernen? Ich holte uns allen erst einmal einen Kaffee und ließ sie ankommen.

Dann erzählten sie mir von sich, von ihrer Ehe. Es sei am Anfang alles so wunderschön gewesen. Sie waren füreinander die große Liebe, hatten ein wunderbares Leben, ohne große Sorgen. Beide waren in ihren Berufen erfolgreich. Herr Meier arbeitete in einer Bank, Frau Meier im Einzelhandel. Besonders freute beide, dass sie auch ihren Glauben an Gott teilten, sich beide als Christen verstanden, auch wenn sie nicht jeden Sonntag in die Kirche gingen. Und das nicht etwa, weil sie keine Lust auf den Gottesdienst gehabt hätten. Es war einfach der einzige Tag in der Woche, an dem sie mal ausschlafen und den Tag gemeinsam gemütlich angehen konnten. Gerade im Einzelhandel geht die Arbeitszeit ja auch samstags sehr lange.

Sie bräuchten sich dafür nicht vor mir zu rechtfertigen, ließ ich sie wissen. Natürlich konnte ich nachvollziehen, wie sie ihre Prioritäten setzten. Und Gott führt ja zum Glück auch keine Strichlisten, was Kirchgänge angeht.

Mir fiel schnell auf, dass beide Meiers von ihrem WIR nur in der Vergangenheitsform sprachen. Am Traudatum auf der Urkunde konnte ich sehen, dass die beiden jetzt etwas über acht Jahre verheiratet waren. »Wie geht es Ihnen denn heute miteinander in Ihrer Ehe?«, wollte ich wissen. Betretenes Schweigen. Sie sahen sich an, voll Traurigkeit und Wärme zugleich. Ich wartete. Was war passiert?

»Wir haben uns beide Kinder gewünscht, aber keine bekommen können«, sagte Frau Meier leise. Das sei eine große Belastung gewesen, die sie aber noch gut gemeinsam bewältigt hätten. »Viel schlimmer war«, erzählte Herr Meier, »dass ich vor fünf Jahren meine Arbeit verloren habe – mit gerade mal 42 Jahren.« Anfangs habe sich die Arbeitslosigkeit ja noch wie Urlaub angefühlt. Er habe auch die Rolle des Hausmanns zunächst ganz amüsant gefunden. Und er habe erst da gemerkt, wie viel seine Frau bisher neben der Arbeit noch geleistet hätte. Nun habe eben er eingekauft, die Wohnung sauber gehalten, gebügelt etc. Und seine Frau habe den Lebensunterhalt allein verdient. Beide lächelten ein wenig.

Doch während jeder Urlaub sein Ende findet, hätte das nicht für seine Arbeitslosigkeit gegolten. Er sei immer unzufriedener geworden, habe sich nicht mehr als »Mann« gefühlt – und angefangen, seine schlechte Laune an seiner Frau auszulassen. Immer wieder habe es Streit wegen Kleinigkeiten gegeben. Sie hätten anfangs aber doch immer wieder zueinander gefunden, sich versöhnen können. Es fiel beiden schwer, weiterzusprechen.

»Nachdem mein Mann dann aber kein Arbeitslosengeld I mehr bekommen hat«, erzählte nun Frau Meier weiter, »wurde es richtig schlimm. Wir mussten das erste Mal in unserer

Ehe jeden Cent zweimal umdrehen, denn mit dem bisschen ergänzenden Hartz IV zu meinem auch nicht üppigen Gehalt war nur noch das Nötigste möglich.« Ihr kamen die Tränen. »Ich habe Überstunden gemacht – um uns wenigstens einen kleinen Urlaub finanzieren zu können. Aber das hat gar nicht geklappt. Irgendwas war immer kaputt und musste ersetzt werden – da war kein Geld mehr übrig fürs Verreisen.« Ihr Mann habe jeden Abend sehnlichst auf sie gewartet und mit ihr etwas unternehmen wollen, sie sei aber von der vielen Arbeit zu kaputt gewesen, fuhr sie fort. »Und ich, ich bin mit der Zeit immer passiver geworden«, sagte Herr Meier selbstkritisch. »Ich habe den Haushalt vernachlässigt und mehr und mehr vor der Glotze gehangen. Die Freunde waren ja auch alle arbeiten.«

Aber den Sonntag, den hätten sie ja noch füreinander gehabt – und sie hätten sich an ihm festgehalten wie an einem Strohhalm, weil sie spürten, dass sie sich mehr und mehr verlieren und ihre Ehe in Gefahr war. »Deshalb sind wir damals auch zur Paarberatung gegangen, haben viel gebetet – und für uns beten lassen. Und es schien wieder aufwärts zu gehen.«

»Das Job-Center«, erzählte Herr Meier, »hat mir dann mehrere Ein-Euro-Jobs angeboten.« Sie hätten sich beide darauf gefreut, dass er wieder »zur Arbeit« gehen konnte, wieder das Gefühl bekäme, mit seinem Beruf in dieser Gesellschaft etwas »wert« zu sein. Doch die Realität war ernüchternd, denn seine Ein-Euro-Jobs waren allesamt befristete Büro-Putzstellen. »Nichts gegen putzen«, versicherte Herr Meier mir, »aber ich hatte auf eine Tätigkeit gehofft, die näher an meiner Qualifikation ist und mir die Tür zum Arbeitsmarkt öffnen könnte.«

Er habe unzählige Bewerbungen geschrieben, aber immer nur eine Absage nach der anderen aus dem Briefkasten gezogen. Und langsam, aber stetig, auch wenn er es nicht gewollt hätte, sei er immer neidischer auf seine Frau und ihr Leben geworden – und habe sie das deutlich spüren lassen. »Stimmt«, sagte sie, »mit der Folge, dass ich zunehmend keine Lust mehr hatte, abends nach Hause zu kommen. Und wenn ich da war, habe ich meinem Mann immer mehr Vorwürfe gemacht, weil er sich so hängen ließ und ich alles allein stemmen musste. Unsere Liebe ist nach und nach auf der Strecke geblieben, verhungert geradezu.« Beide fingen an zu weinen. Sie hätten sich dann entschieden, sich zu trennen – bevor sie sich gegenseitig noch mehr »zerfleischten«. »Wir haben es uns anders gewünscht – aber wir hatten das Gefühl, dass wir uns einfach nicht mehr guttun«, zog Herr Meier Bilanz.

Die Meiers sahen mich an, als ob sie ein Wunder von mir erwarteten, einen Zauberspruch, der alles wiedergutmacht. Und glauben Sie mir, ich wünschte in diesem Moment nichts mehr, als dass ich über solche magischen Kräfte verfüge. Aber leider konnte ich ihnen nur mein Mitgefühl ausdrücken, ihre Ratlosigkeit mittragen und ihnen anbieten, sie seelsorgerlich zu begleiten. Ich wollte ihnen in dieser schweren Krise zur Seite zu stehen, wenn sie das auch wollten. In meine Worte hinein sagte Herr Meier. »Und vor sechs Monaten wurden wir geschieden.«

Ich war sehr überrascht. Ich dachte, sie hätten sich getrennt, um über alles erst einmal allein nachzudenken, sich zu sortieren und dann vielleicht doch wieder zueinanderzufinden. Ich hatte nicht den Eindruck, dass die beiden miteinander am Ende waren.

Ob es einen Grund hatte, dass sie erst jetzt die Geschichte zu Ende erzählten? Vielleicht hatten sie die Scheidung zunächst verschwiegen, weil sie selbst an diesem Schritt zweifelten? Ich spürte bei den beiden noch so viel Wärme füreinander.

In meine Gedanken hinein erklärte Herr Meier, dass sie mir ganz bewusst erst am Ende unseres Gesprächs etwas von der Scheidung sagen wollten, weil sie sich vor meiner Reaktion als Kirchenfrau gefürchtet hätten. Schließlich sei Scheidung in der christlichen Lehre ja verboten. Wenn sie mir aber zunächst ihre Geschichte erzählen würden, könnte ich als Pfarrerin sicher mehr Verständnis für sie und ihren Schritt aufbringen, das hätten sie jedenfalls gehofft.

Furcht sollte kein Mensch haben, wenn er oder sie sich einer Seelsorgerin oder einem Seelsorger zuwendet. Denn wir sind keine göttlich beauftragten Richter, sondern unterstützende Menschen in Nöten, bei Fragen und in Krisen. Ein Seelsorger ist ein geistlicher Begleiter, dessen Rat sich an der Liebe Gottes, der Botschaft der Bibel und am gesunden Menschenverstand orientiert. Ich fand es damals furchtbar, dass die Meiers offensichtlich das Gefühl hatten, im Pfarrbüro nicht völlig offen sein zu können. Aber immerhin, sie waren dennoch gekommen.

»Wovor genau haben Sie sich denn gefürchtet?«, wollte ich wissen. »Was könnte ich als Pfarrerin und Mensch Ihnen denn Schlimmes sagen oder tun?« Für die Antwort brauchten sie erst einmal einen zweiten Kaffee. »Es ist wegen des Ehegelübdes, das wir damals bei unserer kirchlichen Trauung in Bochum abgelegt haben. Sie wissen doch, Frau Pfarrerin, dieses ›Willst du ... in guten wie in schlechten Tagen, ... bis dass der Tod euch scheidet? So antworte mit: Ja, ich will.‹« Sie hätten das damals bei der Trauung am Altar nicht nur so dahingesagt, sondern aus ganzem Herzen gemeint, voreinander und vor ihrem Gott, den sie liebten und an den sie aufrichtig glaubten.

Aber nun hätten sie mit der Scheidung ihr Gelübde gebrochen und sich auch vor Gott schuldig gemacht. »Wir haben schon um Vergebung für unser Scheitern gebetet, aber das ungute Gefühl ist dadurch nicht weggegangen«, sagte Herr Meier. »Deshalb sind wir zu Ihnen gekommen, auch wenn wir nicht sicher waren, ob Sie uns Vorhaltungen machen werden.«

Auch wenn ich die Worte »meiner« Meiers zum Schutz der realen Personen und der seelsorgerlichen Inhalte etwas verfremdet habe, ist es tatsächlich wahr: Es gibt auch heute genug Menschen, die einst kirchlich geheiratet haben und sich sehr ernsthaft Gedanken darüber machen, dass sie mit der Scheidung ihr Gelübde gebrochen haben.

Beieinander zu bleiben, verbindlich, das ganze Leben – das war immer der Lebensplan, der erklärte Wunsch und das Ziel aller Brautleute, die ich getraut habe. Deshalb wollten auch alle dieses »bis der Tod euch scheidet« ganz bewusst am Altar sprechen. Und sie meinten es ernst und ehrlich, sagten es auch bewusst in Bezogenheit auf Gott als den »Dritten im Bunde«.

Dann kommt es eines Tages zur Scheidung, nicht bei allen, aber bei einigen Paaren. Was brauchen solche Menschen wie die Meiers dann von ihrer evangelischen Kirche? Wie könnte sie ihnen nah sein und im Auftrag Jesu Christi im besten Sinne für ihre Seele sorgen? Wie sie entlasten von ihrem Gefühl der Schuld vor Gott, weil sie eben nicht mit dem Partner oder der Partnerin bis zum Tod zusammengeblieben sind? Oder ist hier vielleicht gerade nicht Entlastung hilfreich, sondern eine Begleitung, die diese von den Ex-Partnern gefühlte Schuld als solche klar benennt – und sie zunächst in die Buße und in die Beichte führt?

Hier ist kein Raum für eine theologische Reflexion über die verschiedenen theologischen Ansätze zur Scheidung und deren Auslegungen. Doch es ist an dieser Stelle interessant, auf einige Aussagen der EKD zur Scheidung und zum seelsorgerlichen Umgang mit Geschiedenen zu schauen.

Die evangelische Kirche veröffentlicht regelmäßig Orientierungshilfen, Texte und Stellungnahmen zu relevanten gesellschaftlichen und religiösen Themen. Die meisten davon stehen online zur Verfügung und sind auf der Website www.ekd.de zu finden. Zum Bereich Ehe und Familie gibt es einiges, zum Beispiel eine ältere Orientierungshilfe aus dem Jahr 1997 mit dem Titel »Gottes Gabe und persönliche Verantwortung«. Hier wird die Scheidung als ein Notbehelf beschrieben, der im Ausnahmefall, bei unaufhebbarer Zerrüttung der Beziehung, von der Kirche akzeptiert wird. Und es wird ausdrücklich dazu aufgefordert, dass Geschiedene in den Gemeinden anerkannt und gestärkt werden sollen.

Trotz dieser zugewandten Inhalte kann diese Schrift Menschen in einer Scheidungssituation aber nicht wirklich froh stimmen. Denn es werden dort auch Begriffe wie »Verschulden« und »Versagen« verwendet. Und das in einem Text, der zwanzig Jahre nach der Reform des »weltlichen« Scheidungsrechtes verfasst wurde, bei der 1977 endlich das sogenannte »Schuldprinzip« abgeschafft und das »Zerrüttungsprinzip«, das eine einvernehmliche Scheidung ermöglicht, als künftige Handlungsmaxime für die Familiengerichte festgelegt wurde. Wenn der Richter seither am Ende der Verhandlung verkündet, dass eine Ehe »gescheitert« ist, ist diese Aussage kein Ergebnis einer inhaltlich fundierten Prüfung der Ehe, geschweige denn eine Bewertung des Verhaltens oder Fehlverhaltens der Ehepartner, sondern eine Feststellung rein formeller Natur. Der Text der Kirche liest sich dagegen personenbezogen. »Ein Mensch soll nicht auf sein Versagen und (sein) Verschulden festgelegt werden«, heißt es dort.

Doch wer hat in einem Fall wie den Meiers wirklich »versagt«, wer ist »schuld«? Herr Meier, weil er in seiner Krise irgendwann die Stärke verlor und sich gehenließ? Oder Frau Meier, weil sie dies nicht auf Dauer mit Langmut ertragen konnte und wollte? Oder beide gleichermaßen? Meine Überzeugung nach mehreren intensiven Gesprächen mit den beiden ist: keiner von beiden! Denn Schuld im christlichen Sinne beinhaltet absichtliches Handeln. Ihre Ehe aber war sozusagen langsam auseinandergefallen, Stück für Stück. Und sie taten, was sie konnten, um das zu verhindern. Eine existentielle Bedrohung war von außen über sie hereingebrochen und brachte beide mit der Zeit an ihre Grenzen. Am Ende waren sie komplett überfordert, jeder für sich und in ihrer Beziehung zueinander.

Können Worte wie Schuld und Versagen für diese und andere Geschiedene überhaupt eine hilfreiche Ansprache der Kirche sein?

Ich bin überzeugt, dass auch Schuld und Schuldgefühle in der Seelsorge ihren Raum haben und wir dadurch Ratsuchenden helfen können. Wie dies allerdings geschieht und gestaltet wird, hängt von der jeweiligen Person und Situation ab. Doch mal abgesehen davon, wie ein »sich schuldig fühlen« eines geschiedenen Menschen geistlich bearbeitet würde – dieses Gefühl unreflektiert zu verstärken, wäre sicher kein Weg, den Seelsorgerinnen wählen würden.

Glücklicherweise hat sich die evangelische Kirche in Fragen zu Ehe, Familie und auch zur Scheidung seit 1997 deutlich weiterentwickelt. Sie hat sich mit modernen gesellschaftlichen Realitäten intensiv theologisch beschäftigt, vor allem mit der nicht zu ignorierenden hohen Scheidungsrate in Deutschland, mit anderen Lebensbündnissen und mit den veränderten Geschlechterrollen. Sehr deutlich zeigt sich das in einer Publikation des Rates der EKD aus dem Jahr 2009 mit dem Titel »Soll es künftig kirchlich geschlossene Ehen geben, die nicht zugleich Ehen im bürgerlich-rechtlichen Sinne sind?« Das klingt trocken und formell, aber der Inhalt dieses Textes lässt aufatmen. Denn dort findet eine Auseinandersetzung mit dem Bibeltext statt, der gern gegen die Scheidung angeführt wird. Gemeint ist eine Passage aus dem Matthäus-Evangelium, in der Jesus ein Scheidungsverbot formuliert haben soll.

Es ist ein bekannter Text, der gern bei Trauungszeremonien in der Kirche gelesen wird: »Darum wird ein Mann Vater und Mutter verlassen und an seiner Frau hängen, und die zwei werden ›ein‹ Fleisch sein. So sind sie nun nicht mehr zwei, sondern ›ein‹ Fleisch. Was nun Gott zusammengefügt hat, das soll der Mensch nicht scheiden!« (Mt. 19,4-6)

In der EKD-Schrift von 2010 sind Begriffe wie Verschulden und Versagen in den Hintergrund getreten. Entscheidend sei, dass die Kirche die Liebe Gottes, die er uns durch seinen Sohn Jesus Christus nahegebracht hat und die allen Menschen bedingungslos gilt, auch im Umgang mit Geschiedenen vorlebt und weitergibt. Alle biblischen Imperative und Gebote seien in diesem Licht zu reflektieren. Das bedeute jedoch nicht, dass sie damit aufgehoben seien oder Menschen sie in ihrer Lebensgestaltung nicht mehr ernst nehmen müssten. Es hieße aber, dass Geschiedene von den Christen in keiner Weise beurteilt oder bewertet werden dürften und dass ihnen mit Liebe im Sinne Christi begegnet werden müsse, anders formuliert: menschlich, unvoreingenommen und zugewandt, nicht dogmatisch oder paternalistisch. Gerade bei zwei Menschen in der lebenskritischen Situation einer Scheidung ist es seelsorgerlich wichtig, ihnen das Gefühl zu vermitteln, im Haus Gottes willkommen zu sein.

Doch was braucht ein geschiedenes Paar nun konkret als Seelsorge von seiner Kirche? Darauf gibt es keine pauschalen Antworten. Das ist so vielschichtig, wie es die Menschen sind. Keine Partnerschaft ist wie die andere, und auch keine Trennung ist wie die andere. Den Meiers habe ich seinerzeit angeboten, sie mit weiteren Gesprächen zu begleiten. Das begrüßten sie sehr, weil sie das Gefühl hatten, über manches aus ihrer Ehe bzw. aus dem Trennungsprozess doch noch gemeinsam – und mit einer Geistlichen – reden zu wollen. Erst nachdem wir uns einige Male getroffen hatten, stellte ich ihnen noch etwas anderes vor, das ich mir für diese beiden als segensreich vorstellen konnte, ein sogenanntes Scheidungsritual.

Seit einigen Jahren gibt es dieses Angebot in europäischen evangelischen Kirchen, wenngleich es in Deutschland leider bis heute noch nicht so verbreitet ist wie beispielsweise in der Schweiz, in Frankreich und den Niederlanden. Der Begriff Scheidungsritual ist etwas unglücklich gewählt, finde ich. Aber er ist inzwischen in der innerkirchlichen Diskussion etabliert. Deshalb verwende ich ihn hier auch.

Solch ein Ritual wird zum Beispiel in einem speziellen Gottesdienst angeboten. Menschen, die eine Trennung oder Scheidung durchleben, werden in eine zentral gelegene Kirche eingeladen, um dort gemeinsam mit anderen in der gleichen Situation dieses Ritual zu vollziehen, unter geistlicher Begleitung und Rahmung natürlich.

In manchen Kirchen finden inzwischen regelmäßig solche Gottesdienste statt. Dazu wird vorher über die Tagespresse und Social Media eingeladen. Niemand muss sich anmelden, man muss auch kein evangelisches Kirchenmitglied sein, jeder kann einfach kommen. Die verschiedenen Teilnehmer kennen sich in der Regel gegenseitig nicht. Während der Liturgie bleibt diese Anonymität auch gewährleistet, es wird auch keines der Ex-Paare exponiert.

Vielfach gibt es bei solchen Gottesdiensten einzelne Stationen, anhand derer die Teilnehmer sinnbildlich noch einmal den Weg vom Beginn der Beziehung bis zur Trennung nachgehen können. Symbole und kleine Handlungen helfen dabei. So können zum Beispiel verschiedene Steine für die Konflikte abgelegt werden. Oder es wird eine Kerze für den weiteren Weg ohne einander entzündet. Oder es werden bunte Karten, sinnbildlich für den einstigen glücklichen Beginn, zu einem Bild gelegt. Sich gerade das Positive und Schöne der gemeinsamen Zeit noch einmal ins Bewusstsein zu rufen, ist aus meiner Sicht sehr hilfreich für die Betroffenen. Denn oft richten Paare nach der Trennung ihren Blick ausschließlich auf die »schlechten Tage« ihrer Beziehung und erinnern sich an die »guten Tage« nicht mehr. Doch auch diese gehören zur Geschichte der beiden Menschen – und zu ihrer Lebenswirklichkeit. Einzelne Stationen stehen also für Freude und Glück, für Klage und Trauer, für Wut und Enttäuschung und schließlich auch für Hoffnung und Neuanfang. Die

Ausgestaltung der jeweiligen Besinnungspunkte variiert, je nach liturgischem Entwurf.

Eine wichtige Station kann auch für die Beziehung zu Gott und dem gegebenen Ehegelübde stehen. Denn hier liegt für manche auch ein Hindernis, den Kopf wieder hoch zu nehmen und den weiteren Weg befreit fortzusetzen, oder wie die Bibel es formuliert, »in Frieden seine Straße zu ziehen«. An dieser Station könnte auch die Bitte um Vergebung dem Partner gegenüber formuliert werden.

Gerade hier werden die Seelsorger benötigt, von denen bei einem solch zentralisierten Gottesdienst in der Regel mehrere anwesend sind. Am Ende besteht immer das Angebot, sich persönlich segnen zu lassen. Dieser Segen Gottes soll den Teilnehmenden noch einmal deutlich machen, dass Gott sie bedingungslos liebt, sie niemals allein lässt und auch in ihrem weiteren Leben an ihrer Seite sein wird. Das wird dankbar angenommen.

Vielen Ex-Paaren behagt ein öffentlich begangenes Ritual nicht, sie wünschen sich ein familiäreres Zeremoniell, im vertraulichen Rahmen der Seelsorge, nur mit dem Pfarrer oder der Pfarrerin am Altar, als liturgischen Abschluss der geistlichen Begleitung. Diese Form des Rituals wünschten sich auch die Meiers. Sie legten Wert darauf, dass die engsten Freunde mit dabei sind. Auch ihnen, davon waren die beiden überzeugt, könnte das Ritual helfen. Denn oft geraten gemeinsame Freunde nach einer Trennung in die Zwickmühle und haben das Gefühl, sich künftig für einen ihrer beiden Freunde entscheiden zu müssen. Das wollten die Meiers ihren Lieben unbedingt ersparen.

Sie erarbeiteten gemeinsam mit mir den Ablauf und die Inhalte dieser rituellen Handlung. Als symbolische Handlung wollten sie ihre Eheringe abnehmen, sie zurück auf den Altar legen – und dabei Gott um Verständnis, Vergebung und um neuen Segen für das Morgen bitten.

Ich bin eine große Verfechterin des Scheidungsrituals. Und ich wünsche mir sehr, dass es ein fest etabliertes Angebot in der evangelischen Kirche in ganz Deutschland wird. Denn die Menschen brauchen eine Kirche, die auf ihre jeweilige Lebenswirklichkeit direkt antwortet und gerade in einer kritischen Situation wie Trennung oder Scheidung ein vertrauenswürdiges Gegenüber und eine verstehende Begleiterin ist. Und sie sollte den Menschen Symbole und Rituale zur Verfügung stellen, die ihnen Sicherheit geben.

Dass gerade dieses Scheidungsritual noch vergleichsweise selten angeboten wird, hat mehr als einen Grund. Zum einen wird in der Kirche immer sehr, sehr lange über Neuerungen diskutiert. Zudem gibt es kirchliche Entscheidungsträger, die es absurd finden, dass ausgerechnet die Kirche das Scheitern einer Ehe mit einem eigenen Ritual »feiern« soll. Damit würde doch ein falsches Signal gegeben, und es könnte sogar der Eindruck entstehen, die Kirche würde zur Trennung geradezu Mut machen. Und manche Protestanten halten eine Scheidung grundsätzlich für unbiblisch. Ein weiterer Grund, dass das Scheidungs- bzw. Trennungsritual nicht so oft zelebriert wird, ist sicher auch, dass noch viel zu wenige Leute von dieser Möglichkeit wissen.

Vielleicht gehören Sie ja auch dazu. Oder zu den kirchlich getrauten Menschen, die im Trennungsfall keinerlei Kontakt zur Kirche suchen, vielleicht aus Scham oder aus Distanz zur Gemeinde. Oder auch, weil schon der Kirchsaal Sie an den »glücklichsten Tag des Lebens« erinnert und den Schmerz über das Ende Ihrer Partnerschaft noch spürbarer machen würde. Manche Gläubige sind auch sehr enttäuscht darüber, dass Gott sie nicht vor Konflikten und dem unglücklichen Ausgang der Beziehung bewahrt hat, sondern sie im Stich gelassen hat.

Ich wünsche mir sehr, dass gerade Menschen, die sauer auf ihren Schöpfer sind, mich als Kirchenfrau ansprechen. Denn Wut auf Gott und große Enttäuschung haben am Altar genauso ihren Platz wie das Halleluja bei einer Trauung. Schon die biblischen Protagonisten klagten Gott nicht nur ihr Leid, sondern artikulierten genauso auch ihre Wut. »Warum, Gott? Wann hilfst du? Wie lange muss ich das noch erdulden?« – das sind nur einige Formulierungen aus dem Gebet- und Liederbuch der Bibel, den Psalmen. Da wird geschimpft und angeklagt ohne Ende. Da wünschen die Beter den Feinden sogar die Pest an den Hals und bitten Gott, dies zu bewirken. Meines Wissens wurde niemand von ihnen für seine offen ausgesprochene Wut mit dem Blitz vom Himmel erschlagen. Ein Freund formulierte es einmal so: »Gott ist doch keine Mimose, der kann das ab!« Das denke ich auch. Gott kennt uns, und der Begriff »Gottesbeziehung« meint sicher auch, alles, was einen bewegt, ehrlich sagen zu dürfen. Ich wäre froh, wenn enttäuschte Glaubende sich nicht mehr so oft von der Kirche zurückziehen, sondern im Haus Gottes den Weg der Psalmbeter wählen würden. Das gilt gerade auch für Menschen, die sich deshalb haben kirchlich trauen lassen, weil sie gehofft hatten, dass ihre Ehe mit Gottes Segen nicht schiefgehen kann. Der Altar wäre meines Erachtens der ideale Ort, darüber mit Gott ein klärendes Gespräch zu führen. Nur Mut!

>>UTE, WIR FINDEN
KEINE WOHNUNG,
KRIEGEN JA
JETZT ALLE DIE
FLÜCHTLINGE!
ICH WÄHLE JETZT
AUCH DIE AfD.<<

*Der vermeintliche Sozialneid
und die Kirche*

Andreas kam gerade aus dem Job-Center, als ich ihn traf. Wir hatten uns einige Monate vorher bei einem Nachbarschaftsfest kennengelernt. Da war er mit seiner Freundin Heike und den drei Kindern an unseren Stand gekommen. Der Geruch der Waffeln hatte sie angelockt. Er wollte das Rezept, und wir machten ein wenig Smalltalk. Über das Fest – und welcher Gig wohl als Nächstes auf der Bühne sein würde.

Danach liefen wir uns immer wieder mal über den Weg, wie das so ist im Kiez, auf dem Markt, an der Bushaltestelle oder bei der Post. Einmal fragten mich die Kinder, ob ich nicht mit zu ihnen kommen wolle, heute gäbe es zu Hause Waffeln – Papa und Mama nickten zustimmend. Da ließ ich mich nicht zweimal fragen.

Ihre Mietwohnung befand sich in einem der typischen Sechziger-Jahre-Bauten. Es war alles ziemlich zugestellt. Die Kinder mussten sich zu dritt eineinhalb Zimmer teilen, wobei das halbe Zimmer eher an einen Kaninchenstall erinnerte. Es war um die 1,20 Meter breit und vielleicht vier Meter lang. Die ganze Wohnung hatte nur 60 Quadratmeter, für fünf Personen. Die Küche war innenliegend, also ohne Fenster, und das Bad auch. Ich bekam dort einen kleinen Anflug von Platzangst, ich bin einfach Berliner Altbauten mit hohen Decken gewohnt. Die junge Familie hatte ihr Heim wirklich liebevoll eingerichtet, wollte aber unbedingt in eine größere Wohnung ziehen, damit die Kinder jeweils ihren eigenen Raum haben.

Andreas und Heike hatten keine Arbeit und bekamen die nötigste Hilfe vom Staat. Sie mühten sich schon länger um ein neues Heim, waren aber bisher nicht zum Ziel gekommen. Bei ihren finanziellen Verhältnissen hatten sie in einer Stadt wie Berlin sowieso keine Chance, in die beliebten und angesagten Wohngebiete zu ziehen. Dort kann sich heutzutage kaum noch jemand die Mieten leisten. Außerdem mochten die beiden ihren Kiez, das bunte Leben in den Straßen, die Menschen, die Cafés und die Läden. Sie wollten gar nicht weg, sie brauchten einfach nur mehr Platz. Ich konnte ihren Frust sehr gut verstehen, Wohnungssuche in Berlin ist echt kein Spaß.

Was ich aber weniger verstand, war ihre Einschätzung, warum sie bisher so erfolglos waren. »Wir finden nur deshalb nichts, weil wir Deutsche sind. Die Flüchtlinge kriegen ja jetzt alles hinten reingeblasen«, beschwerte sich Andreas. Die Idylle des Waffel-Essens war schlagartig dahin. Das Amt bezahle »denen« doch alles, er habe im Fernsehen die Bilder gesehen – die nähmen den einheimischen Familien jede freie Wohnung weg. Heike regte sich auch auf: »Deutschland wird doch gerade von Ausländern regelrecht überrannt, ohne dass die einer überprüft. Wir sehen ja, was wir davon haben. Immer wieder Polizeirazzien, bei denen vermeintliche Flüchtlinge als IS-Kämpfer entlarvt werden.« Bald müsse sie als Frau sicher Burka tragen, und es würden keine Kirchenglocken mehr läuten, sondern nur noch so ein «Moslem-Typ» singen, legte sie nach.

Ich kaute an meiner Waffel herum und überlegte. Gefühlte hundert Proteste gegen das Gesagte lagen mir auf der Zunge. Und ich war sehr froh, dass die Kinder zwischenzeitlich zum Spielen rausgegangen waren, denn so klein, dass sie nichts von all dem verstanden hätten, waren sie schon lange nicht mehr. Sollte ich gleich dagegenhalten, die beiden nach ihrer »Gesinnung« befragen? Manches war ja kaum auszuhalten. Aus ihren Worten sprach so viel Wut, geradezu Hass, aber auch große Angst. Und die war es, die mich zögern ließ. Ich wollte mehr von den beiden erfahren, herausfinden, warum sie so drauf waren. Es folgte Heikes Schimpftirade auf Frau Merkel und ihr »Wir schaffen das«. »Bei der nächsten Wahl werde ich auch die AfD ankreuzen, denn die würde sicher was ändern«, sagte Andreas und sah mich irgendwie provozierend an. Als wollte er von mir hören: »Nein, tu das nicht!« Vielleicht hoffte er aber auch auf ein »Ja, ich auch!«. In diesem Fall hätte ich ihn allerdings enttäuschen müssen.

Ich blieb ruhig, was mir, ehrlich gesagt, immer schwerer fiel. Irgendwann hatten die beiden ihr Pulver verschossen. Ich brauchte erst einmal dringend eine Zigarette auf dem kleinen Balkon. Ich hatte Kopfschmerzen.

Ähnlich fassungslos war ich, als ich bei der letzten Wahl zum Berliner Abgeordnetenhaus für die Forschungsgruppe Wahlen und das ZDF gearbeitet habe. Wir standen als Zweier-Team jeweils vor einem bestimmten Wahllokal in der Stadt und befragten, nach einem festgelegten Schlüssel, einzelne Wähler anonym nach ihrem Stimmverhalten. Ich hatte diesen Job schon öfter gemacht. Doch dieses Mal war vieles ganz anders als sonst.

Die Menschen waren durchweg genervter. Bevor sie ins Wahllokal gingen, sagten viele, sie wüssten nicht, wen sie wählen sollen. Wäre doch eh alles die gleiche Soße. Bemerkenswert war außerdem, dass deutlich weniger Menschen als sonst bereit waren, unsere Arbeit, die ja für die erste Prognose um 18 Uhr war, zu unterstützen. Wir wurden sogar von jemandem als Teil der »Lügenpresse« beschimpft, weil wir ja vom ZDF seien. Völlig verrückt! Am auffälligsten war jedoch, dass etliche Frauen und Männer uns an diesem Tag unbedingt wissen lassen wollten, dass sie »das für Deutschland Richtige« gewählt hätten. Komisch nur, dass dieses »Richtige« in meinen Ohren so bedrohlich klang. Andere sagten uns, dass sich »jetzt was ändern« würde, dafür hätten sie gesorgt. Die noch deutlicheren Statements wiederhole ich hier ganz bewusst nicht.

Was ich an diesem Tag zu hören bekam, diese über die Maßen aggressive Stimmung mancher Mitbürgerinnen und Mitbürger, das hat mich ganz genauso erschreckt wie mancher Satz von Andreas und Heike. Und mich genauso ratlos zurückgelassen. Ich kann Furcht und Sorge verstehen, und das nicht nur, weil ich Pfarrerin bin. Ich teile auch ein stückweit die Unzufriedenheit über die aktuelle politische Lage in Deutschland und Europa. Aber das? Nee.

Diese Wähler kannte ich alle nicht persönlich. Und schon bei ihnen war es schlimm für mich, sie so populistisch reden zu hören. Noch unerträglicher fand ich es allerdings, vor Andreas und Heike zu sitzen, zwei Menschen, die ich etwas kannte, die ich mochte und bisher als tolerant und aufgeschlossen eingeschätzt hatte. Bei diesem Waffelessen wurde mir erst so richtig klar, dass es wohl viele gibt, die in der Öffentlichkeit schweigen, nicht auffallen, nicht bei Demos mitlaufen – aber genauso fremdenfeindlich denken wie die Brüller. Was für mich bisher »nur« ein allgemeines gesellschaftliches Thema war, kam mir auf einmal ganz nah – und lässt mich bis heute nicht mehr los. Andreas und Heike wollte ich als Reaktion aber nicht mit biblischen Worten kommen, auch nicht sofort mit Zahlen und Argumenten gegen ihre Vorurteile angehen. Kurz gesagt, ich wollte nicht mit ihnen »in den Ring steigen«. Ich wollte wissen, was dahintersteckt, ergründen, wieso sie so gruseliges Zeug redeten.

Heike war wichtig, dass ich jetzt bloß nichts Falsches von ihnen denke. »Wir sind definitiv keine Nazis, haben mit den Rechten nichts zu tun.« – »Ihr redet aber genauso wie die«, rutschte es mir dann doch heraus. Das erschreckte die junge Mutter sehr.

Nein, nein, es ginge ja gar nicht um Politik und auch nicht um den einzelnen Afrikaner oder Araber. »Wir als Familie haben einfach Angst davor, wie das alles endet, um die Zukunft unserer Kinder, um unsere Heimat, die Werte – und unsere eigene existentielle Sicherheit.« Darum ging es also …

Ich bat Heike, noch einmal Kaffee aufzusetzen – den Teller mit den Waffeln aber außerhalb meiner Reichweite abzustellen. Denn wenn ich nervös bin, nasche ich zu viel. Auch Andreas wollte noch reden. Ich sagte ihnen, wie ihre Aussagen bei mir angekommen waren, dass ich schockiert war. Und auch, dass ich mich schon die ganze Zeit darüber wunderte, dass sie nichts davon erzählten, was sie bei ihrer bisherigen Wohnungssuche eigentlich genau erlebt hätten, was da im Einzelnen abgelaufen sei. »Habt ihr denn schon eine konkrete Wohnung in Aussicht gehabt, die euch dann aber von einer Flüchtlingsfamilie weggeschnappt wurde?«, wollte ich wissen. Dann wäre zumindest ein gewisser Ärger verständlich. »Nein, nein, so war es nicht. Aber wir haben wirklich alles versucht, eine Wohnung zu finden«, meinte Heike. Die Antwort reichte mir nicht. Als sie dann im Einzelnen berichteten, was sie unternommen hatten, war das, objektiv betrachtet, doch erstaunlich wenig. Da war noch ganz schön Luft nach oben.

Ich hörte bei ihrem Bericht heraus, ich will es mal so formulieren: dass die Frustgrenze bei den beiden Süßen doch ziemlich schnell erreicht ist. Geduld und Ausdauer waren offensichtlich nicht so ihre Stärke. Das war mir bei ihrem Umgang mit den Kindern auch schon aufgefallen. Wenn ein Vermieter zum Beispiel von ihnen noch Unterlagen nachgereicht haben wollte oder sie sich erst einmal auf eine Warteliste für eine Wohnung eintragen mussten, war das schon zu viel für sie. Dann sind sie gleich gegangen und hatten keine Lust mehr. Sie gaben dann ganz schnell auf, waren aber sauer auf die Vermieter.

Die beiden brauchten offensichtlich noch mehr Unterstützung, als sie durch die Sozial-Profis schon bekamen. Ich bot ihnen an, als neutrale Person zu Besichtigungen mitzugehen, versprach ihnen aber auch einen seelsorgerlichen Tritt in den Allerwertesten, wenn sie wieder einmal zu schnell hinschmeißen würden. Zur Klarstellung: Die beiden waren in meinen Augen sicher nicht »selbst schuld«, dass sie keine Wohnung fanden – aber die Geflüchteten, die waren es ganz sicher genauso wenig. Und selbst wenn tatsächlich eine syrische Familie bei einer Wohnung ihnen gegenüber bevorzugt worden wäre, wäre das doch eine Entscheidung der deutschen Behörden gewesen und nicht die der Flüchtlingsfamilie selbst. Das räumten Andreas und Heike dann auch ein, immerhin ein Anfang. Ich lernte diese beiden jungen Eltern an jenem Tag ein ganzes Stück besser kennen, sie mich auch. Und sie wurden im Laufe des Gesprächs immer offener.

Sie sprachen über ihr Gefühl des Scheiterns, das sie eben auch bei der Wohnungssuche hätten. Dann, wenn potentielle Vermieter sie spüren ließen, dass sie keine Hartz-IV-Familie wollten. Sie wüssten ja selbst, dass sie am Rande der Gesellschaft stünden und in dieser Leistungsgesellschaft auch nicht viel »vorzuweisen« hätten. Aber sie seien doch auch was wert. Am größten sei ihre Angst, als Eltern zu versagen. »Dass wir unseren Kindern nichts bieten können, ist das Schlimmste«, sagte Heike. »Wenn wir ganz schlecht drauf sind, können wir das nur sehr schwer aushalten. Und dann wissen wir einfach nicht, wohin mit unserem Frust, unserer Wut auf die ganze Sch … hier. Na ja, und dann sind wir eben auch mal ungerecht.«

»Und schwuppdiwupp, am Ende sind dann die Flüchtlinge für alles der Buhmann«, ergänzte ich. Andreas nickte. »Wir wissen ja selbst irgendwie, dass das nicht so doll ist. Aber auf der anderen Seite reden im Kiez doch viele andere auch so, vielleicht ist dann ja doch auch was dran. Und die AfD sagt so was doch auch.«

Es gibt Momente, da entgleisen mir meine Gesichtszüge, dies war so einer. Andreas deutete meine Mimik richtig und versuchte gar nicht weiter, sich zu rechtfertigen. Er schaute mich nur etwas beschämt an.

Mir wurde immer deutlicher, welche riesige und ganz existentielle Verunsicherung dieses Paar plagte – und welche tief empfundene Ohnmacht. Zudem spürte ich bei beiden ein Gefühl von Bedroht-Sein, obwohl sie das an nichts Konkretem festmachen konnten, an keinem Fakt und auch an keiner eigenen Erfahrung. Aber es war da, ganz diffus. Andreas und Heike hatten vor allem den Eindruck, dass keiner »da oben« sich noch für Leute wie sie interessiere, für den einfachen Bürger. Im Fernsehen würden die doch alle immer das Gleiche quatschen. Entweder käme das Lob für Merkels »Wir schaffen das« oder aber die Kritik an Merkels blödem »Wir schaffen das«. Keiner habe im Übrigen bis heute mal erklärt, wer mit diesem »Wir« eigentlich genau gemeint sei. Die Regierung versichere ja auch immer, dass keinem was weggenommen würde, die Integration der Ankommenden aber jetzt vorrangig sei.

»Erst seit Donald Trump gewählt wurde, reden die doch plötzlich alle von ›den Bürger und seine Ängste nicht aus dem Blick verlieren‹ und ähnliches Zeug«, schimpfte Andreas. Da hatte er recht, das war mir auch aufgefallen. »Im Zweifel wähle ich nur deswegen die AfD, weil die Leute da einen wenigstens nicht von Hacke bis Nacke belügen«, erklärte er. »Die haben als Einzige von Anfang an die Sorgen der Menschen aufgegriffen und die Ängste der kleinen Leute ernst genommen«, ergänzte Heike. Das Wahlprogramm von denen hätten sie zwar nicht gelesen, das sei aber auch nicht entscheidend. »Es tut einfach gut, dass wir endlich für jemanden, der Macht hat, wichtig sind«. Ob ich das nicht auch so sehe, wollten beide wissen. »Nein, ganz bestimmt nicht!« Meine Zunge war leider schneller als der Kopf. Ich hatte doch nicht darauf eingehen wollen. Aber alles hat seine Grenzen.

Und die Empfehlung, vor dem Kreuzchen bei der Wahl vielleicht doch das Programm der gewünschten Partei einmal gründlich anzuschauen, konnte ich nicht zurückhalten.

Mich interessierten aber immer noch vorrangig diese beiden Menschen, die vor mir saßen, vor allem ihre seelische Verfassung. Alles andere waren bei diesem Kaffeetrinken letztlich Nebenbühnen.

Andreas und Heike fühlten sich nicht wichtig, übergangen und ausgeliefert. Solch ein Cocktail macht Menschen zunehmend wütend. Und eine so gelagerte Wut ist seit der ersten großen Flüchtlingswelle bei vielen Menschen angewachsen, nicht nur bei den sogenannten Randständigen und Armen wie Andreas und Heike. Die Medien hatten zu Beginn Tag und Nacht davon berichtet, in welcher Not die Geflüchteten sind, was sie Schreckliches in ihrer Heimat erlebt haben. Und das war sicher richtig und angemessen. Aber alles andere schien dabei in den Hintergrund zu treten. Die Politik kommunizierte, was alles für die Ankommenden getan werden müsse und was der Staat für sie tun wird. Die Bürgerinnen und Bürger, die multikulturellen »Einheimischen« sozusagen, wurden immer wieder zur Mithilfe, Großzügigkeit und Solidarität aufgerufen. Und es gab ja, Gott sei Dank, auch von Anfang an zahlreiche Spender und viele ehrenamtliche Helfer, sonst wäre jede Flüchtlingsunterkunft und jedes Projekt ganz sicher im absoluten Chaos versunken.

Doch viele Leute bekamen durch die Berichte auch den Eindruck, dass auf einmal vieles möglich war, was so lange angeblich aufgrund Geldmangels nicht hatte verwirklicht werden können, zum Beispiel mehr sozialer Wohnungsbau, verstärkte Betreuung und Förderung von Kindern etc. Die Frage drängte sich auch mir und meinen Freunden auf, woher das ganze Geld denn plötzlich gekommen war. Jetzt wurde vieles angeschoben, für die Flüchtlinge. So kam es jedenfalls bei etlichen Menschen an. Wie oft wurde ich im Kiez von Eltern gefragt, warum denn ihre Kinder nicht auch so intensiv gefördert würden? Die hätten doch auch große Probleme, mit den schulischen Anforderungen, mit dem sozialen Verhalten, mit der Integration in eine Klasse.

Manche Experten bezeichnen solche Fragen und Beschwerden als »Sozialneid«. Ich finde schon dieses Wort unmöglich. Menschen, mit denen ich gesprochen habe, die aus verschiedenen Altersklassen und unterschiedlichen Bildungshintergründen kamen, waren jedenfalls nicht neidisch, die gönnten den Flüchtlingen durchaus die Hilfe und Unterstützung. Sie aber fühlten sich schlicht und einfach vom Staat verschaukelt und vergessen.

Die Medien haben es meiner Ansicht nach zu lange nicht verstanden, in ihren Sendungen und Artikeln das Gleichgewicht in der Berichterstattung zu halten, zwischen den Nöten der neuen Nachbarn und den Anliegen und Themen, die den Alteingesessenen schon über lange Zeit unter den Nägeln brennen. Es wurden zudem anhaltend nur »gelungene« Beispiele von Integration im Fernsehen gezeigt, vor allem junge Flüchtlinge, die schon im Arbeitsprozess Fuß gefasst haben, als Lehrling oder Praktikant. Über diejenigen, die hier keine Chance haben, die im Heim festsitzen, oder jene, die hier Straftaten begehen, wurde lieber erst einmal lange geschwiegen. Aber die Bürgerinnen und Bürger sind doch nicht dumm, und sie leben da, wo sich die ganze Realität zeigt.

Die Menschen wurden nicht gut mit einbezogen, nicht wirklich beteiligt an diesem einschneidenden Geschehen, dass so viele Fremde auf einmal in unser Land kommen. Und sie wurden über die Situation auch nicht ehrlich ins Bild gesetzt. Das ist höchst fatal. Jeder weiß, wie anfällig aufgebrachte und ängstliche Menschen, die sich verschaukelt und vergessen fühlen, für radikalisierende Propaganda sind. Deren Urheber hören ihrer Wut zu, verstärken sie – um sie dann zu missbrauchen.

Nach meinem Waffelessen bei Andreas und Heike dachte ich auch spätabends noch über diese Familie nach, an Schlafen war wegen des ganzen Kaffees ja eh nicht zu denken. Was konnte ich ihnen als Mensch und als Frau der Kirche anbieten? Wie könnte ich sie begleiten, nicht als eine Art verkappte Sozialarbeiterin oder Familienhelferin, sondern als Seelsorgerin? Und das, obwohl sie mit der Kirche nichts am Hut hatten?

Ich nahm mir vor, Andreas und Heike in den folgenden Wochen, wenn es ginge, regelmäßig zu treffen, zum Kaffee und zum Reden. Ich wollte keine Gespräche über Gott und Bibel führen, außer vielleicht über den Ärger, den Jesus verspürt haben muss, bevor er seinerzeit die Händler aus dem Tempelvorhof warf und alles kurz und klein schlug. Ich wollte Andreas und Heike Raum geben, über sich selbst zu reden, besonders über ihre Wut, die noch lange nicht ausreichend ausgesprochen war. Die musste raus, denn sie verstellte ihnen in meinen Augen den Weg zu allem anderen, zu sich selbst, zu ihrem Leben, zur Freude, zum nächsten Schritt – und auch zu jeder offenen Begegnung mit einem geflüchteten Menschen.

Es klappte mit den Verabredungen. Mein Gefühl riet mir, zunächst wieder nur zuzuhören und als Blitzableiter für ihren Frust zur Verfügung zu stehen, in gewissen Grenzen natürlich. Ich wusste nur anfangs noch nicht genau, wie ich es hinbekommen würde, sie bei erneuten fremdenfeindlichen Ausbrüchen nicht doch in die Schranken zu weisen. Die meisten von uns tun das ja fast reflexartig, wenn dunkelbraunes Gedankengut in unserem Beisein geäußert wird. Und das ist sicher auch gut so. Bei Andreas und Heike wollte ich das dennoch weitestgehend zurückzuhalten. Und es gelang mir tatsächlich, was aber am ehesten daran lag, dass ich inzwischen wusste, dass ich keine überzeugten Rechten vor mir habe.

Die Begegnungen mit diesem jungen Paar haben mir gezeigt, wie enorm wichtig es ist, mehr Räume zu schaffen, in denen der Frust und Ärger der Menschen im Mittelpunkt stehen, wo ihnen zugehört wird, ohne sie gleich in Schubladen zu stecken, ohne zu bewerten und natürlich, ohne ihre Wut für eigene Interessen zu missbrauchen. Es sind Räume nötig, in denen auch die hinter der Wut steckenden Ängste aufgefangen werden können. Und gerade hier ist die Kirche mit ihren Leuten in besonderem Maße gefragt. Es reicht einfach nicht, wenn sie sich nur offiziell in einer Presseerklärung oder einem Referat gegen die AfD äußert oder wenn die Kölner bei Pegida-Demos das Licht in ihrem Dom ausschalten. Nicht mehr heute, nicht mehr in einem Land, in dem immer mehr Menschen aggressiver werden, letztlich doch, zumindest die meisten, weil sie verunsichert sind und sich um die Zukunft sorgen: um ihre eigene, die ihres Landes, aber auch die Europas und der ganzen Welt.

Die Kirche muss klar erkennbar an ihrer Seite stehen, genauso, wie sie deutlich an der Seite der Geflüchteten zu finden ist. Gottes Leute werden dringend gebraucht, besonders für persönliche Begleitung, vertrauensvolle Gespräche, für konkrete Seelsorge und Anwaltschaft. Aber auch dafür, bekanntzumachen, dass es in evangelischen Projekten und Gemeinden auch einen Raum gibt, in dem der ganze Frust ausgesprochen werden kann.

Die Politiker stehlen sich reihenweise aus der Verantwortung. Sie äußern sich ganz pauschal gegen die Menschen, die bei Pegida mitmarschieren oder AfD gewählt haben. Erst durch die Präsidentschaftswahl in den Vereinigten Staaten und durch die Wahl in Frankreich, bei der Marine LePen gute Chancen hatte zu gewinnen, wurde anscheinend verstanden, dass viele unzufriedene leise Menschen am Ende die Zukunft eines ganzen Landes entscheiden können. In manchen Talkshows wird seitdem bange gefragt, ob es hierzulande in eine ähnliche Richtung gehen könnte. In den Medien geistert der Begriff des »Wutbürgers« herum. Welch ein unsäglicher Faupas!

Etliche Bürger und Bürgerinnen sind wütend, ja, das stimmt. Wieder andere sind ratlos und resigniert. Aber jeden und jede von ihnen macht als Mensch doch so viel mehr aus als das. Alle haben Respekt verdient und keine Stigmatisierung, zum Beispiel durch so einen Begriff.

Doch zurück zu »meiner« Kirche: Ich denke, dass sie in diesem Zusammenhang eine ganz wichtige Aufgabe hat, die sie mit all ihren Möglichkeiten und Kräften auch erfüllen könnte. Denn wer, wenn nicht sie, versteht sich als Nachfolgerin Christi, der für die Menschen da war, mit ihnen ging und Nächstenliebe in alle Richtungen lebte.

Der EKD-Ratsvorsitzende Heinrich Bedford-Strohm proklamiert in der Öffentlichkeit, dass seine Kirche »nah bei den Menschen« ist und sein will, insbesondere bei denen in schwierigen Lebenssituationen. Doch im Mittelpunkt steht in seinen Reden oft die Lage der Flüchtlinge und der deutliche Appell an die protestantischen Christinnen und Christen, sich für die neuen »Nachbarn« einzusetzen. Und, wie gesagt, das diesbezügliche Engagement in den lokalen Gemeinden und Werken ist vorbildhaft. An der Basis geschieht viel »für« die Geflüchteten, und mehr und mehr auch »mit« ihnen zusammen.

Doch was ist mit den Menschen wie Andreas und Heike? Und jenen, denen die Situation mit den vielen Flüchtlingen im Lande einfach zu viel ist? Wie wird hier das »nah bei den Menschen sein« konkret verwirklicht? Diese Bürger würden von sich aus wohl nicht ausgerechnet in einem Kirchsaal nach Gesprächspartnern suchen. Schon deshalb nicht, weil sie gerade hier kaum so etwas wie offene Ohren für Aggression gegen und Kritik an den vielen Flüchtlingen erwarten könnten, sondern eher Zurechtweisung. Und auch deshalb nicht, weil viele Menschen heutzutage grundsätzlich nicht in eine Kirche gehen.

Also gibt es einmal mehr für die Kirche nur den Weg, nach außen zu gehen, sozusagen auf den neutralen Boden im sozialen Raum. Um dort die Menschen zu erleben, sie kennenzulernen und bereit zu sein, ihre Meinung zu hören. Und manchmal, wenn es sich ergibt, kommen dann tiefere Gespräche zustande, auch über alte und neue Nachbarn im Kiez. Das könnte, ehe man sich versieht, bei einem unscheinbaren gemütlichen Waffelessen auf einen zukommen.

Aus meiner Erfahrung ist es auch eine richtig gute Idee, als Kirche, mit anderen zusammen, einen konkreten Raum für Begegnungen zu schaffen, mittendrin im Stadtteil. Das könnte zum Beispiel ein Nachbarschaftscafé sein. Seit ich so ein Kiez-Café (zusammen mit anderen sozialen und kommunalen Trägern) gründen und betreiben konnte, bin ich davon begeistert. Von den Menschen, die mitmachten; von den Leuten, die kamen, und auch von den vielen Facetten des Miteinanders verschiedener Lebensweisen, Charaktere und Kulturen. Kein Nachmittag war wie der andere. Es gab natürlich manchmal auch Reibungspunkte, über die es dann zu sprechen galt.

Aber wenn der Kaffee stark und preiswert ist und der Kuchen wie bei »Muddern« schmeckt, dann füllt sich so ein Nachbarschaftscafé nach und nach von selbst, erst recht, wenn es vor Ort kaum Alternativ-Angebote gibt. Und mit der Zeit werden manche Besucher zu Stammgästen, die sich für »ihr« Café einsetzen. Ich habe erlebt, dass die Berührungsängste der Kirche gegenüber dann sehr gering sind, wenn die Pfarrerin an der Maschine steht und Latte Macchiato für die Gäste (und sich selbst) zubereitet und ihre Predigt sich auf die Qualität des Milchschaums reduziert.

Der Kontakt zwischen Kirche und »Welt« kommt in so einem Raum, der mitten im Viertel ist, ganz automatisch zustande. Er geschieht beiläufig, etwa beim Mensch-ärgere-dich-nicht oder beim Gespräch über den tollen Kuchen. Vorausgesetzt natürlich, man ist kontaktfreudig und mag neue Leute kennenlernen. Mit der Zeit erzählen manche Besucher dann auch das eine oder andere mehr über sich. Und auch untereinander haben die Anwohner ihre Gesprächsthemen. Bei den Müttern mit ihren Babys und Kleinkindern war das besonders schön, bei deren Austausch habe ich gern mal »gelauscht«.

Bei den Stammgästen weiß man natürlich mit der Zeit, wer wie über was denkt. Und mitunter kommt die Gelegenheit, nachzufragen. Manchmal zeigt sich die Haltung des anderen aber auch dann, wenn es an so einem Ort der Begegnung zu Veränderungen kommt. Wir legten zum Beispiel nach einer Weile ein deutlicheres Gewicht auf die Einladung von Geflüchteten und Asylbewerbern. Und wir freuten uns sehr darüber, dass auch einige kamen.

Doch auch hier erlebte ich, dass die Menschen, die sonst eher leise sind, sich mir gegenüber kritisch dazu äußerten. Das waren aber zum Glück nur Einzelne, und mit denen kam ich dann gut ins Gespräch, weil wir ja schon öfter Kaffee miteinander getrunken hatten und uns gegenseitig schätzten. Im Grunde hörte ich, in Abwandlungen, bei diesen Menschen genauso von Unzufriedenheit mit der eigenen Lebenssituation, von diffusen Ängsten und der Suche nach einem Schuldigen wie bei Andreas und Heike. Ohne dieses Nachbarschaftscafé hätte ich mit diesen Menschen nie so offen reden können, ich hätte sie wahrscheinlich nicht einmal kennengelernt. Und viele andere auch nicht. Das hätte ich als Ute Pfeiffer mehr als schade gefunden, aber auch als Pfarrerin. Denn ich möchte es in meinem Beruf verwirklichen und leben, dieses »nah bei den Menschen sein«.

Ich bin ein Fan von ganz bodenständiger, unreligiöser und anpackender Präsenz der Kirchenmenschen mitten in der Welt. Und ich weiß aus Erfahrung, dass dies einer der entscheidenden Wege ist, wenn die Kirche künftig noch einen Platz in der heutigen Gesellschaft haben möchte.

Manche Kirchenverantwortliche haben Probleme mit diesem Ansatz. Erst recht, wenn auch noch, wie bei uns, mit »weltlichen« Fördermitteln gearbeitet wird. Dann liegt nämlich nicht mehr alles in der eigenen Hand. Sehr oft sind auch die üblichen langen Entscheidungsprozesse dann nicht möglich, die kirchlichen Gremien müssten sehr flexibel sein. Gemeindekirchenräte oder auch Kreiskirchenräte könnten also nicht in gleicher Weise wie sonst verfügen. Konzeptionen und Anträge werden von kommunalen Geldgebern oft »über Nacht« abgefordert, das weiß jeder Projektmensch. Die mitunter langen Wege zu Unterschriften innerhalb der Kirche sind dann eine echte Hürde. Manche kirchlichen Entscheidungsträger sind auch deshalb kritisch, weil die sonst üblichen innerkirchlichen Maßstäbe an das Personal nicht angelegt werden können, wenn die Stellen aus Landes- oder Bundesmitteln (mit)finanziert werden. Das kann zum Problem werden, wenn ein Bewerber oder eine Bewerberin sehr geeignet, aber kein Kirchenmitglied ist. In diesem Punkt habe ich »meine« Kirche aber bisher immer kompromissbereit erlebt.

Doch wie soll zum Beispiel so ein Nachbarschaftscafé oder ein ähnliches Projekt im sozialen Raum denn konstante Realität auch christlicher Arbeit werden, wenn Personal und Sachmittel von der evangelischen Kirche allein gestemmt werden müssten? Die Kapazitäten hätte kaum eine Gemeinde an der Basis. Und die engagierten Ehrenamtler gehen tagsüber in der Regel ihrer Arbeit nach, könnten also auch nicht vor Ort sein. Ich kann nicht verstehen, warum die evangelische Kirche hier nicht flächendeckender und ausgeprägter die Möglichkeiten von Drittmittel-Förderungen nutzt. Natürlich nicht, um eigenes Personal einzusparen oder zum reinen Selbstzweck, sondern um sich mehr beteiligen zu können am Bemühen aller Aktiven um eine hohe Lebensqualität in ihrem sozialen Raum. Und auch, um gerade für arbeitslose ältere Menschen, die auf dem Arbeitsmarkt überhaupt keine Chance mehr haben, aber sehr viel Förderung erhalten würden, eine bezahlte Beschäftigung zu schaffen und damit mehr Selbstwert.

Auch die Befürchtung, dass in solchen »Misch-Projekten« nicht genug evangelische Identität erkennbar würde, teile ich aus meiner Erfahrung nicht. Denn kirchliche Identität zeigt sich doch an dem, was geschieht; dass nämlich Christen mit anderen

Menschen respektvoll und zugewandt interagieren und mit ihnen gemeinsam das Leben im Stadtteil oder im Dorf ausmachen. Und das folgt doch ohne Zweifel dem, der genauso lebte, Jesus Christus, dem obersten Chef der Kirche.

Manche Kirchenleute bemängeln, dass die Kirche von solchen »außen« angelegten Projekt-Räumen am Ende wenig »Ertrag« für sich habe. Dass solch ein Engagement, unverblümt gesagt, einfach unendlich viel Einsatz koste, aber im Ergebnis der Nutzen nicht im Verhältnis zu den Kosten stehe. Sicher würde die Kirche auf diese Weise deutlich mehr Menschen kontaktieren können als nur innerhalb der Kirchenmauern, aber neue Mitglieder gäbe es auf diesem Weg doch eher selten. Das mag stimmen, zumindest aus statistischer Sicht. Doch darum geht es doch nicht vorrangig, oder?! Denn wenn eine Gemeinde ein Angebot im Stadtteil nur mit der Motivation begänne, die Menschen vier Wochen später in der Kirche haben zu wollen, dann sollte sie meines Erachtens gar nicht erst damit anfangen. Diese Rechnung würde nicht aufgehen. Nicht nur das, sie würde sogar Schaden anrichten. Denn solch ein Unternehmen wäre nur halbherzig gemacht, nur Mittel zum Zweck. Und dafür haben unsere Gegenüber ein sehr feines Gespür, das ist gewiss.

Ich bin fest überzeugt, dass es gerade solche Begegnungsräume »mitten im Leben« sind, die heutzutage gebraucht werden und durch die auch die evangelische Kirche Menschen in diesen unruhigen Zeiten Gutes tun könnte. Und das nicht nur in den sogenannten sozialen Brennpunkten, sondern auch im bürgerlichen Umfeld oder auf dem Dorf. Denn solche Orte bieten, neben vielem anderen, auch ganz ungezwungen einen Raum, in dem die Menschen sich mit ihren Empfindungen loslassen können, völlig unabhängig von ihrer Religionszugehörigkeit und Kultur.

Diese Worte klingen vielleicht etwas großspurig und scheinen so ein Angebot wie ein Café deutlich zu überfrachten. Doch ich habe das bewusst so formuliert, weil ich schon seit vielen

Jahren um die Chancen verschiedenartiger kirchlicher Stadtteilarbeit weiß. Gerade kirchenferne Menschen lassen sich auf
neutralem Boden auf Gespräche mit einer Pfarrerin oder einem
anderen Kirchenaktiven eher ein, wenn sie ihn oder sie außerhalb seines Settings erleben und als Person respektieren.

Wie der weitergehende Kontakt dann im Einzelnen aussieht,
bleibt ja jedem selbst überlassen. Es spricht auch überhaupt
nichts dagegen, den anderen auch in die eigenen Kirchenräume
einzuladen, zum Beispiel einfach so zum Gucken oder zu einem
Konzert oder zu einer Veranstaltung. Im Gegenteil, wir stehen
doch zu unserer Kirche, und viele Leute sind ja nicht grundsätzlich abgeneigt, auch mal hineinzusehen. Das waren Andreas und
Heike übrigens auch nicht.

Apropos, ich habe die beiden mit ihren Kindern vor einigen
Monaten wieder einmal in der Stadt getroffen, und sie waren
alle richtig gut drauf. Ich erfuhr, dass sie demnächst innerhalb
der Genossenschaft, bei der sie jetzt schon Mieter waren, die
Wohnung mit jemandem tauschen könnten, der sich verkleinern
will. Die Kinder überschlugen sich förmlich vor Freude, alle wollten mir gleichzeitig von ihrem neuen Zimmer erzählen. Und
zur Einweihungsparty wurde ich natürlich auch eingeladen. Es
würde Waffeln geben, ließ mich die Jüngste wissen.

»ALSO FRAU PFARRERIN, WAS KOMMEN SIE MIR DENN MIT DER LETZTEN ÖLUNG?«

*Neue Rituale braucht
die Kirche*

Alma Schmidt kam regelmäßig in den Senioren-Treff der Gemeinde. Sie fiel mir sofort auf, weil sie mit ihren 85 Jahren noch extrem fit war. Sie war stets so gekleidet und frisiert, als wolle sie zum Ballett, zu einem schicken Essen oder zu einem Botschaftsempfang gehen. Natürlich waren alle Damen und Herren in diesem großen Kreis sehr adrette Erscheinungen, aber Frau Schmidt, die stach irgendwie heraus. Wir beide sprachen über lange Zeit nur das eine oder andere Wort am Rande des Kaffeetrinkens oder auf einem der Ausflüge. Eines Tages blieb ihr Platz leer. Ich erfuhr von einem anderen Stammgast, dass Frau Schmidt krank sei und ihre Ruhe wolle. Von Besuchen sollten wir also alle absehen.

Nachdem sie aber die zweite Woche fehlte, machte ich mir langsam große Sorgen. Ich rief sie an, um zu fragen, ob ihr jetzt doch ein Besuch recht wäre. Ja, sie würde sich freuen, mich zu sehen, war die kurze Antwort. Frau Schmidt telefonierte offensichtlich nicht gern.

Als ich dann, mit Blümchen bewaffnet, bei ihr ankam und wir beide im Wohnzimmer Platz genommen hatten, geschah zunächst etwas Unerwartetes. Statt sich zu freuen, beklagte sie sich. »Warum kommen Sie denn jetzt erst?! Schließlich ist es doch die

Aufgabe einer Pfarrerin, die kranken Gemeindemitglieder zu besuchen, auch wenn sie nicht regelmäßig zur Kirche kommen. Und ich bin jetzt schon so lange krank.« Und so ging es weiter ...

Frau Schmidt war enttäuscht von mir und zeigte mir das deutlich. Als ich dann zu meiner Verteidigung vorbrachte, dass sie von dem Herrn aus dem Treff doch hätte ausrichten lassen, dass sie keinen Besuch wolle, war alles aus. Zugegeben, das war sicher nicht einer meiner pastoralen Glanzmomente. »Können Sie sich denn keine eigene Meinung bilden?«, fuhr sie mich an. »Und ist Ihnen mal der Gedanke gekommen, dass diese Aussage nur für die Leute vom Senioren-Treff galt – aber doch nicht für Sie, die Frau Pfarrerin?!«

Diese Dame war früher Chefin, das merkte man. Ich fühlte mich ein wenig wie ein Lehrmädchen, das abgekanzelt wird. Aber sie hatte aus ihrer Perspektive ja recht. Wahr ist aber auch, dass Pfarrerinnen eben nur Menschen sind. Ich entschuldigte mich bei Alma Schmidt – und dann war auch alles wieder gut. Und siehe da, plötzlich rückte sie den selbstgebackenen Kuchen heraus, den sie zunächst in der Küche versteckt gehalten hatte. Dieser Nachmittag, der so verkorkst angefangen hatte, wurde dann noch zu einer sehr schönen Begegnung. Wir lernten uns beide besser kennen. Und sie erzählte mir die Details ihrer Erkrankung. »Es ist sehr schmerzhaft. Der Arzt hat gesagt, dass ich mich noch schonen soll. Es werden auch noch weitere Untersuchungen gemacht, aber die Prognose ist gut«, erzählte sie. Sie selbst habe aber beschlossen, nicht mehr zu Hause zu sitzen, das sei viel zu langweilig. Jetzt war es an mir, sie zu mahnen, und zwar zur Vernunft. Ich erreichte eine Absprache. Sie würde noch so lange geduldig daheimbleiben, wie der Arzt es befahl. Und ich würde sie noch einmal besuchen kommen, allein, oder, wenn ihr das lieber wäre, mit zwei oder drei Leuten aus dem Treff. Es war Adventszeit und mein Terminkalender war ohnehin schon voll genug. Wahrscheinlich wollte ich unbewusst einfach etwas bei ihr gutmachen. Zum Abschluss meines Besuches beteten wir – auf ihren Wunsch – das Vater Unser, das war ein besonders schöner Moment.

Alma Schmidts Genesung schritt voran, und zwei Wochen später saß sie wieder in der Runde, von Kopf bis Fuß gestylt, wie immer. Alle waren froh, dass sie wieder gesund war.

Doch dann, wenige Monate später, fehlte sie wieder. Diesmal wartete ich nicht, sondern griff gleich zum Hörer. Am Telefon war nun eine weinende, leise Frau, die, obwohl wir eigentlich per »Sie« waren, nur »Kannste kommen?« sagte, als sie meine Stimme hörte. Ich weiß es noch wie heute. Als ich ankam, fiel mir diese Frau, die sonst so sehr auf Distanz, Contenance und Etikette achtete, einfach im Nachthemd um den Hals und ließ ihren Tränen freien Lauf. Wir standen lange so im Wohnungs-flur, bis sie sich ein wenig beruhigt hatte. Es war sicher schlimm für sie, in so einem Zustand allein gewesen zu sein. Ich erfuhr, dass sie wieder starke Schmerzen hatte. Außerdem war bei einer Untersuchung »etwas« gefunden worden. Der Arzt meinte, es sei nichts Beunruhigendes, er würde nur sicherheitshalber eine Gewebeprobe nehmen. Alma Schmidt fürchtete aber, dass er ihr nicht die Wahrheit gesagt hatte, dass sie Krebs habe, den gleichen wie ihre Cousine. Und die sei daran gestorben. Nun musste sie eine Woche auf das Ergebnis des Labors warten. Ich versuchte, ihr Mut zu machen. Irgendwann, sie war im Sitzen bereits ab und zu weggenickt, ließ sie sich von mir ins Bett bringen. Sie war so erschöpft, dass sie sofort einschlief.

Am nächsten Morgen fuhr ich noch einmal hin. Ich wollte nach Frau Schmidt sehen. Und ich hatte mir überlegt, was ich ihr noch Gutes tun könnte, außer für sie zu beten. Ich entschied mich, ihr ein altes kirchliches Ritual anzubieten, die Krankensal-bung. Dabei wird ein Erkrankter auf Stirn und Händen mit Öl gesalbt, unter Handauflegung für ihn oder sie gebetet und ein persönlicher Segen gesprochen.

Dieses Ritual hat eine lange Tradition in der Geschichte des Christentums. In der katholischen Kirche ist die Krankensalbung bis heute ein Sakrament, also eine der heiligen Handlungen. Deshalb darf sie dort auch nur von einem Priester gespendet werden. Früher wurde diese Salbung als »letzte Ölung« angesichts des bevorstehenden Lebensendes gegeben. Wenn der Priester also mit dem Ölfläschlein ins Krankenhaus kam, wusste der Patient Bescheid. Erst Mitte des 20. Jahrhunderts, mit dem Zweiten Vatikanischen Konzil, wurden die Bedeutung und Anwendung dieses Sakraments innerhalb der römisch-katholischen Kirche reformiert. Seitdem kann sie grundsätzlich jedem Kranken gespendet werden, vor allem auch psychisch Erkrankten. Die Krankensalbung wird in der heutigen katholischen Kirche vornehmlich als ein Sakrament des Lebens verstanden, das der Kräftigung des Erkrankten dient und das Vertrauen des Patienten in den dreieinigen Gott stärken soll.

In der evangelischen Kirche ist die Krankensalbung bzw. das Krankengebet kein Sakrament, das sind nur Taufe und Abendmahl. Diese Salbung ist aber ein sehr segensreiches Ritual unserer Kirche. Leider geriet es mit den Jahrhunderten immer mehr in Vergessenheit. Erst in den 1950er Jahren wurde der große Wert von Ritualen generell wieder neu entdeckt und ganz besonders auch die Kraft der Krankensalbung als Akt seelsorgerlicher Begleitung.

Bei uns ist diese Handlung des Segnens und Salbens nicht nur den Pfarrerinnen und Pfarrern vorbehalten. Das liegt zum einen daran, dass die Krankensalbung eben kein Sakrament ist; diese werden ausschließlich von den Geistlichen verwaltet. Zum anderen resultiert das aus dem »Priestertum aller Gläubigen«, für das die Kirche der Reformation steht. Damit ist gemeint, dass jeder Christ, jede Christin einem anderen Menschen seelsorgerlich und betend zur Seite stehen kann.

Es gibt einen Bibeltext im Neuen Testament, der im Zusammenhang des Rituals der Krankensalbung immer wieder benannt oder zitiert wird; eine Passage aus dem Brief nach Jakobus, der an die ersten christlichen Gemeinden adressiert war. Dort heißt es im 5. Kapitel: »Ist jemand unter euch krank, der rufe zu sich die Ältesten der Gemeinde, dass sie über ihm beten und ihn salben mit Öl in dem Namen des Herrn. Und das Gebet des Glaubens wird dem Kranken helfen, und Gott wird ihn aufrichten; und wenn er Sünden getan hat, wird ihm vergeben werden.«

Mit den »Ältesten der Gemeinde« meinte der Verfasser nicht die an Lebensjahren betagtesten Christen, sondern die Leiter der Gemeinde, also auf unsere heutige evangelische Kirche übertragen die Mitglieder eines Gemeindekirchenrates. Dieses Ehrenamtlichen-Gremium wird ja von den Gemeindemitgliedern gewählt und hat die Verantwortung für »ihre« Gemeinde, zusammen mit dem jeweiligen Pfarrer oder der Pfarrerin. Diese »Ältesten« ruft der Autor in seinem Brief auf, den Gebets- und Salbungsdienst am Krankenbett zu leisten. Die Kranken erhalten ebenfalls eine ganz klare Weisung. Sie sollen die »Ältesten« zu sich rufen und diesen Dienst empfangen. Es findet sich im Brief keine Maßgabe, wie schwer jemand krank sein sollte, bevor er rufen kann. Auch nicht, ob nur eine körperliche oder auch eine seelische Erkrankung gemeint ist. Es ruht in jedem Fall ein Segen auf diesem Ritual für beide Seiten, vor allem auf dem Glauben, in dem es vollzogen wird. Jakobus schreibt, dass Gott das Gebet erhören und dem Kranken helfen würde. Diese Zusage war dem Autor des Briefes wichtig. Er traute seinem Gott viel zu; vielleicht hatte er ja selbst schon einmal erlebt, dass Gott heilt.

Als ich über diesen Bibeltext in einer Gemeinde predigte, entglitten einigen »Ältesten« ein wenig die Gesichtszüge. Ich glaube, ihnen wurde mulmig zumute. Sie sahen sich wohl im Geiste künftig ständig mit dem Ölfläschlein umherziehen. Diese Sorge war sicher unbegründet. Denn es würde bei den meisten

Kranken heute sicher lange dauern, bis sie sich überhaupt trauen, bei Mitgliedern des Kirchenrates anzurufen und sie zu sich zu bitten. Wieder andere möchten sich mit so etwas doch lieber an den Herrn Pfarrer oder die Frau Pfarrerin direkt wenden. Das ist ja in Ordnung, aber es wäre doch schön, wenn die »Ältesten« sich für diesen Dienst mit anbieten könnten. Sie würden Menschen etwas richtig Gutes tun, frommer ausgedrückt: »sie würden damit zum Segen für andere werden«. Es kostet am Anfang sicher etwas Mut, aber man kann dabei nichts falsch machen. Es muss auch nicht unbedingt ein bestimmtes Öl sein, zum Beispiel aus Israel. Ich habe einmal, als es schnell gehen musste, normales Speiseöl genommen. Gott hört auch jedes Gebet, nicht nur die vorformulierten aus den offiziellen Textbüchern der Kirche. Inzwischen steht auch im Internet eine Menge Material zur Verfügung, das hilfreich für solch ein Krankengebet mit Salbung ist. Und die Pfarrerinnen und Pfarrer sind ja auch noch da, um zu unterstützen und zu begleiten.

Viele Erkrankte würden sich jedenfalls freuen, wenn jemand aus der Gemeinde sie besuchen käme und sie sogar segnen will. Denn jeder kennt das doch von sich selbst: Wenn man krank im Bett liegt, ist man von der Gemeinschaft ausgeschlossen. Das ist ja schon bei einer Bronchitis so. Man liegt zu Hause rum, leidet vor sich hin, langweilt sich – und fühlt sich allein. Man kriegt nichts mehr vom Leben mit, von der Firma oder der Uni. Und irgendwann macht auch der Klügste den Fernseher mittags an und schaut »Familien im Brennpunkt« oder ähnlichen Mist. Abends, wenn der Partner dann endlich von der Arbeit zu Hause ist und Zeit hat, steigt dann das Fieber wieder an, die Symptome werden schlimmer und man schläft einfach ein. »Die beste Krankheit taugt nichts«, sagte meine Oma immer – dem kann man nur zustimmen. Na ja, solange das Ganze nur ein paar Tage dauert, zum Beispiel bei einer Erkältung, ist das ja ziemlich leicht auszuhalten, auch wenn mancher Mann mir hier sicher widersprechen würde. Doch stellen Sie sich eine Erkrankung über Wochen, Monate oder sogar Jahre vor, womöglich noch mit anhaltenden Schmerzen. Dann wird es unerträglich und das Alleinsein zu quälender Einsamkeit. Die Krankheit nimmt dann den ganzen Raum ein.

Auch Alma Schmidt erging es so, als sie erneut krank geworden war und wieder nicht am Leben teilnehmen konnte. An dem Abend, als sie so weinte, war diese ganze Last dann aus ihr herausgebrochen.

Als sie mir dann aber am nächsten Morgen die Tür öffnete, war Alma Schmidt wieder fast die »Alte«. Gestylt, nicht mehr im Nachthemd und viel ruhiger als am Tag zuvor. Bevor ich etwas sagen konnte, erzählte sie mir voller Freude, dass sie ihren Sohn hatte überreden können, sich zu ihr nach Berlin aufzumachen. Der wohnte in Tübingen. Und als sie so von ihrem Klaus sprach, lachte sie sogar schon wieder. Seit dem Telefonat mit ihm wäre sie auch bezüglich des histologischen Befundes zuversichtlicher, meinte sie. Es war schon erstaunlich, diese Wandlung innerhalb von zwölf Stunden – und auch wieder gar nicht. Denn die Aussicht, im Kranksein permanent jemanden Vertrautes bei sich zu haben, verändert sehr viel.

Als ich Alma Schmidt an jenem Morgen so erlebte, überlegte ich einen Moment, ob ich mit meinem Vorschlag für das Ritual noch warte und das Ölfläschlein im Rucksack lasse. Aber da die Schmerzen ja nach wie vor da waren und dieser Befund noch ausstand, entschied ich mich, es ihr anzubieten. Sie war eine gläubige Frau, auch wenn sie seit Jahren nur selten zur Kirche ging. Aber ihr lag sehr viel an Gott und seinem Segen, das wusste ich.

Umso mehr erschreckte mich ihre Reaktion, als ich begann, ihr von der Krankensalbung zu erzählen. Frau Schmidt ging gleich hoch und empörte sich, wie ich dazu käme, ihr das jetzt angedeihen zu lassen. Mit der letzten Ölung solle ich gefälligst die Zeit abwarten, noch läge sie nicht auf dem Sterbebett. Ich hätte im Leben nicht damit gerechnet, dass diese Vollblut-Protestantin bei dem Begriff Krankensalbung an die »letzte Ölung« im katholischen Sinne denkt. War aber offensichtlich so. Ich nahm noch einmal Anlauf und erklärte ihr, dass dieses Ritual in unserer Kirche bei jeder Art von Krankheit auf Wunsch begangen wird und dass es für das Leben steht. Dass ich ihr damit einfach Gutes tun möchte, nämlich: für sie beten, laut, so dass sie es hört. Sie mit meinen Händen berühren und segnen, so dass sie es spürt. Und sie salben, so dass sie die Nähe ihres Gottes mit ihren Sinnen erfährt. Das berührte Frau Schmidt dann doch. Sie fragte, ob ich dann auch wegen des ausstehenden Befundes beten könnte, was ich natürlich bejahte. Ich schlug ihr vor, es sich in Ruhe zu überlegen. Und wenn sie sich gegen ein solches Ritual entscheiden würde, sei das auch völlig in Ordnung.

Drei Tage später rief sie mich an und lud mich ein, mit meinem »Öl« zu kommen. Ihr Befund war immer noch nicht da, dafür aber ihr Sohn Klaus. Der wollte gern bei der Salbung mitmachen. Das ist natürlich besonders schön, wenn die Angehörigen mitbeten und auch mitsegnen. Und wir begannen. Es gibt viele Möglichkeiten, dieses Ritual zu gestalten. Ich beschreibe hier eine Variante, die ich für einen Hausbesuch gern wähle:

Eine Kerze wird angezündet, das Öl steht bereit. Zunächst sage ich etwas über die Salbung in der Bibel und über die Bedeutung des Öls. Je nach Kraft der erkrankten Person lade ich ein, gemeinsam einen Abschnitt aus einem Psalm zu lesen. Ich nehme gerne Psalmen, die Gott loben.

Im Anschluss bete ich als Salbende und Segnende laut und beziehe mich darin auf die erkrankte Person und die konkrete Situation. Worte des Dankes kommen darin vor, für die Liebe Gottes, für Familie, Ärzte, Therapien und Medikamente – und auch für das Gute im Leben der oder des Erkrankten. Zu Beginn des Gebets zitiere ich auch gern die Passage aus dem Brief nach

Jakobus. In der Fürbitte für den Kranken lade ich die Angehörigen oder Freunde, die mitmachen, gern ein, ihre Wünsche für den Kranken selbst an Gott zu richten. Ich schließe mich dann an.

Beim Beten werden die beiden Handrücken und die Stirn des oder der Kranken mit einem Kreuzzeichen aus Öl gesalbt und unter Handauflegung ein Segen gesprochen. Danach beten wir, wenn möglich, gemeinsam das Vater Unser. Mit einem Schluss-Segen meinerseits wird das Ritual dann beendet.

Beides, salben und beten, machte ich bei Alma Schmidt nicht allein, sondern mit ihrem Sohn zusammen. Das war sehr schön.

Meine Erfahrung ist übrigens, dass Menschen sehr gerne möchten, dass sie bei persönlichen Segnungen mit Du und ihrem Vornamen angesprochen werden, das wäre dann irgendwie noch tiefer, sagen viele. Alma Schmidt hatte mir vor dem Ritual schon das Du angeboten. Wenn ich sie schon anfassen würde, wäre das doch wohl angezeigt, meinte sie.

Oftmals wird das Ritual der Krankensalbung nicht zu Hause, sondern als Element des regulären Gottesdienstes mit der ganzen Gemeinde gefeiert. Dann ist die Liturgie natürlich entsprechend verändert. Vor allem in Freikirchen werden regelmäßig auch reine Salbungs- und Heilungsgottesdienste angeboten, die sich ausdrücklich an Kranke als Zielgruppe richten. In der evangelischen Landeskirche wird dies meines Wissens eher selten praktiziert.

Dass dieses alte kirchliche Ritual der Krankensalbung in der evangelischen Kirche wiederbelebt wurde, finde ich wunderbar. Und anscheinend nicht nur ich, denn es erfreut sich stetig wachsender Beliebtheit bei den Leuten, auch bei denen, die sich sonst eher nicht zur Kirche gehörig fühlen. Kranke und ausgebrannte Menschen lassen zunehmend für sich beten, sich segnen und salben, trotz oder gerade wegen unserer hochmodernen Leistungsgesellschaft, in der Krankheit und Schwäche so gar keinen Raum mehr zu haben scheinen.

Vielleicht liegt das teilweise auch daran, dass Menschen zu jeder Zeit spirituell bedürftig waren und sind – und Rituale zum Leben dazugehören, seien sie religiöser oder weltlicher Natur. Sieht man allein auf den boomenden Markt der esoterisch ausgerichteten Angebote, wird deutlich, dass Menschen etwas suchen, was über sie hinausgeht oder das sie in die tiefsten Tiefen ihres eigenen Ich gelangen lässt. Rituale spielen dabei eine exponierte Rolle. In einem Tempel sind es zum Beispiel die Meditationszeiten oder die festgelegten Stunden des Schweigens. Auf dem Jakobsweg ist es vielleicht die Sammlung der Stempel in den Pilgerherbergen. Und so weiter. Es gibt unendlich viele Wege der Kontemplation und der Besinnung auf das Selbst und das Universum. Und auf jedem gibt es rituelle Handlungen. Das Spektrum an Möglichkeiten ist riesengroß. Für unsere Kirche ist das in keiner Weise Anlass zur Resignation, eher Anreiz, sich auch breiter aufzustellen – und den Menschen mehr geistliche Begleitung anzubieten, mehr Räume der Stille. Vor allem mehr Rituale, die sie in ihrem Leben in Anspruch nehmen können, zum Beispiel an Übergängen – oder eben in Krankheit.

Wenn jemand krank ist, schwindet mit der Zeit auch das eigene Gottvertrauen. Und je länger eine Krankheit dauert, desto mehr kann der Glaube in seinen Grundfesten ins Wanken geraten. Es ist schon deshalb wichtig, dass die Kirche, so oft es geht, zu Kranken nach Hause geht. Denn wenn der eigene Glaube nicht mehr trägt, ist es ungeheuer entlastend, wenn andere den ihren mit in die Waagschale werfen. Sicher kann niemand stellvertretend für einen anderen Menschen das Vertrauen in Gott leben, aber jeder Christ kann seinen Glauben für einen anderen Menschen im Gebet einsetzen.

Gerade das christliche Ritual der Krankensalbung ist eine höchst ganzheitliche Erfahrung für die erkrankte Person. Er oder sie erfährt achtsame Zuwendung, an seiner Seele, seinem Geist und auch an seinem Körper. Dieser Mensch wird sozusagen mehrfach »berührt«. Außerdem bekommen die Erkrankten von den Salbenden im Ritual etwas geschenkt, das heute sehr kostbar geworden ist, und das ist Zeit; Zeit der exklusiven Aufmerksamkeit. Allein das gibt vielen Kranken neue Kraft.

Diese Dienste geraten aber leider immer öfter aus dem Blick, vor allem deshalb, weil so viel anderes in der Gemeinde Zeit beansprucht. Menschen, die nicht mehr in der Kirche präsent sein können, geraten so manchmal in den Hintergrund. Da gilt es dringend, seitens der Personal- und Finanzplaner der Kirche kräftemäßig aufzustocken und Abhilfe zu schaffen. Die evangelische Kirche sollte die Krankensalbung wieder fest in ihr Profil übernehmen und flächendeckend entsprechende Angebote auf den Weg bringen, was aber nur umsetzbar wäre, wenn wirklich auch die ehrenamtlichen »Ältesten« mit zur Verfügung stünden.

Ich würde jetzt gern schreiben, dass Alma Schmidt nach unserer Krankensalbung schlagartig geheilt war. War sie aber nicht, wir sind ja auch keine Wundertäter. Doch es gab ein »ohne Befund« aus der Histologie – und nach und nach erholte sie sich vollständig.

Ich habe bis heute vielen Menschen die Hände auf den Kopf aufgelegt, um sie zu segnen, sei es bei einer Krankensalbung, einer Taufe, einer Konfirmation oder einer anderen Gelegenheit. Und ich kann sagen, dass ich das sehr gern tue. Nicht weil ich denke, dass durch meine Handlung etwas Magisches im Gesegneten passiert, oder gar glaube, dass ich jemanden heilen könnte. Das steht bestimmt nicht in meiner Macht. Aber ich spüre, dass gerade eine körperliche Berührung im sakralen Rahmen den Menschen viel gibt und ihnen lange im Gedächtnis bleibt. Ich habe selbst von meinen obercoolen Konfirmierten mehr als einmal gehört, dass sie die Handauflegung bei der Segnung »mega« fanden, auch wenn ich dabei ihre Frisur zerstört hätte.

Sie wüssten nicht, was es genau war, aber irgendwie sei ihnen, so innen drin, ganz anders geworden – und das sei auch heute noch so, wenn sie dran dächten.

Menschen brauchen nicht nur Rituale, sie wollen sie auch. Und das ist für die evangelische Kirche eine wunderbare Ausgangssituation. Sie kann, ihrer Identität und Botschaft gemäß, diesem Bedürfnis ohne Mühe entsprechen und dadurch dem Einzelnen und den Familien näherkommen, ganz neu oder wieder neu. Es gibt so viele Anlässe für ein kirchliches Ritual; so viele Übergänge im Leben, die mit einem besonderen Segen Gottes begleitet werden könnten – und meiner Ansicht nach auch unbedingt sollten.

Ein wichtiger Lebensumbruch zum Beispiel ist die Beendigung des Arbeitslebens, der Übergang in die Rente oder in den Ruhestand. Das ist mehr als eine zeitweilige Veränderung, es ist der Eintritt in den Winter des Lebens, in das Alter, mit all seinen Tücken.

Sicher, viele haben heutzutage aufgrund der Situation auf dem Arbeitsmarkt gar nicht erst das Glück, bis zur regulären Altersrente arbeiten zu können. Andere wiederum gehen in Frührente, weil sie nicht mehr können. Auch in diesen Fällen könnte zu gegebener Zeit ein persönliches Übergangsritual in der Kirche wohltuend und stärkend sein. Viele Rentnerinnen und Rentner haben nicht genug zum Leben, so dass sie weiter jobben müssen. Das ist skandalös. Für diese Menschen halte ich ein Übergangsritual auch für sinnvoll, doch vorrangig gilt es hier sicherlich, als Gemeinde etwas zu tun – den Betroffenen konkret beizustehen und sich auch politisch für sie zu positionieren.

Wie unterschiedlich er sich auch darstellt, in jedem Fall ist der Ausstieg aus dem regulären Arbeitsleben ein sehr markantes Ereignis im Leben. Und nicht wenige Menschen haben Angst vor diesem Tag, nicht nur wegen der Finanzen. Sondern auch wegen der vielen Zeit, die sie künftig selbst füllen müssen. Nicht selten weicht die Freude über die neu gewonnene Freiheit bald einem Gefühl der Langeweile und der Nutzlosigkeit. Ein kirchliches Ritual zum Übergang in die Rente kann dies nicht verhindern, aber es kann vielleicht, neben einem Segen, neue Kontakte bringen, zum Beispiel zu Menschen, die sich in der gleichen Lebensphase befinden.

Deswegen möchte ich gerade dieses Ritual auch nicht bei den Menschen zu Hause feiern, sondern im öffentlichen Gottesdienst, mit der Gemeinde zusammen. Besonders schön ist es, wenn sich an diesem Tag auch Menschen liturgisch beteiligen, die offen für ein Gespräch mit den »Neu-Rentnern« sind, sei es direkt nach dem Gottesdienst beim Kirchenkaffee oder bei einem Besuch. Wenn noch andere Leute aus der Gemeinde gern Kontakt zu den rituell Gesegneten aufbauen möchten, umso besser.

Die Predigt könnte über die Wertschätzung des Alters in der Bibel gehen. Und dabei auch die Ängste der Betroffenen mit aufgreifen. Im Zentrum stünde dann das Ritual am Altar, mit Gebet und Segnung unter Handauflegung. Dabei könnten auch die »Ältesten« der Gemeinde beteiligt werden. Am Ende des Rituals könnte zudem ein erinnernder Gegenstand mitgegeben werden, zum Beispiel eine Kerze oder eine Karte mit dem persönlichen Segenswort aus dem Ritual. Solch eine Gabe würde in den meisten Fällen zu Hause auf der Kommode oder dem Wohnzimmertisch einen Platz bekommen. So würde das ganze Ritual und die Kraft, die daraus strahlt, lebendig erhalten. Gerade in dunklen Momenten kann solch ein Gegenstand wirklich helfen und die Situation etwas heller werden lassen. Sogenannte Zielgruppen-Gottesdienste eignen sich aus meiner Sicht besonders gut für Rituale. Jeder kann kommen, was die Menschen verbindet, ist der gleiche Lebensübergang.

Zum anderen lassen sich mit so einem kirchlichen Angebot leichter Menschen erreichen, die keinen Kontakt zur Kirche haben, leichter als mit einem »normalen« Sonntagsgottesdienst. Dieser hat dafür andere Vorteile. Zum Beispiel den, dass die Gemeinde auf diejenigen in ihren Reihen aufmerksam gemacht wird, die sich in einer Umbruchsituation befinden. Viele würden diese Gesegneten dann sicher besonders in ihr abendliches Gebet einschließen.

Mehr Rituale, die auf die Lebens-Wendepunkte der Menschen zugeschnitten sind, könnten seitens der evangelischen Kirche ohne großen strukturellen oder finanziellen Aufwand verwirklicht werden. Dafür müsste die Kirchenleitung einfach viel offener sein. Vielleicht wäre es ja dann möglich, dass in einer Region jeweils eine Gemeinde ein Übergangsritual für eine bestimmte Zielgruppe gestaltet und anbietet, in regelmäßigen Abständen. Ideal wäre es natürlich, wenn die Landeskirchen der EKD hierfür Anteile in den Stellenplänen schaffen würden.

Unsere Kirche könnte für ihre Rituale auch Gebräuche aus anderen Kulturen aufnehmen, auch nicht religiöse, und dem protestantischen Wesen gemäß anpassen. Wenn etwa eine Frau schwanger wird, dann gibt es in fast allen Ländern der Welt besondere Riten. Im Fokus steht dabei sowohl die Frau, die sich im Übergang von einer Frau zu einer Mutter befindet, als auch das ungeborene Kind. Es werden in der Regel achtsame Worte gesagt und symbolische Handlungen vollzogen, die der werdenden Mutter Kraft geben sollen, weil sich mit der Schwangerschaft jetzt alles in ihrem Leben verändert.

Vor kurzem habe ich über einen »Blessingway« gelesen, das ist ein sehr altes Ritual der amerikanischen Ureinwohner. Dabei kommen die Freundinnen aus dem Dorf mit der Schwangeren zusammen, um ihr Respekt, Wertschätzung und Zuneigung entgegenzubringen und mit ihr zu feiern. Der Raum für das Ritual wird vorher gemeinsam ausgesucht und nach den Vorlieben der werdenden Mutter geschmückt.

Dann machen die Frauen es der Schwangeren und sich selbst erst einmal richtig gemütlich. Nun beginnt das eigentliche Ritual. Die Freundinnen erzählen gemeinsam Erlebtes, zeigen

Bilder und teilen ihre eigenen Geschichten miteinander. Manchmal bringt jede Frau eine Holzperle mit, die dann einzeln aufgefädelt wird, verbunden mit einem guten Wunsch, bis am Ende der Runde eine Geburtskette entstanden ist. Der zukünftigen Mama werden die Füße gewaschen und die Haare gebürstet, und als Sinnbild für den Übergang von der Frau zur Mutter erhält sie eine ausgedehnte Kopfmassage. Statt der Perlenkette wird oft auch eine Geburtskerze angezündet und herumgereicht, damit jede Frau einen Wunsch hinzufügt. Die Schwangere bläst am Schluss die Kerze aus. Wenn dann Monate später die Geburt beginnt, wird diese Kerze wieder angezündet.

Die Übertragung dieses sehr schönen Rituals in den evangelischen Kontext ist denkbar einfach. Die Kerze ist eines der großen Symbole im christlichen Glauben. Sie steht für das Licht, genauer für Christus, der das Licht der Welt ist. Die Fußwaschung ist zugegebenermaßen seit Jesus in unseren Gemeinden etwas aus der Mode gekommen. Aber dafür könnte man ja Stirn und Hände mit Öl salben oder die Hände direkt auf den Bauch auflegen und Mutter und Ungeborenes segnen. Anstelle einer Kopfmassage bietet sich die Segnung mit Handauflegung an. Und die guten Wünsche, also die Segnungen der Freunde und Familien, die das Ritual mitfeiern, haben in der Kirche naturgemäß auch ihren Raum.

Ich habe große Lust, werdenden Müttern solch ein Ritual à la Blessingway künftig anzubieten, am ehesten bei ihnen zu Hause. Und ich bin mir ziemlich sicher, dass gerade diese Art Segnung sehr willkommen wäre.

Ein ganz anderer Lebensübergang ist der Beginn einer Ausbildung oder eines Studiums. Für junge Erwachsene müsste ein Ritual natürlich ganz anders gestaltet werden als für diejenigen, die aus dem Arbeitsleben aussteigen. Doch ich glaube, dass auch hier solch ein »Einstiegsritual« ein guter Weg wäre, jungen Menschen etwas ganz Persönliches anzubieten.

Ich könnte mir für diejenigen, die es gern ruhig hätten, eine liturgische Feier mit Liedern und Texten aus der Bruderschaft in Taizé vorstellen. Für andere wäre eher ein Zielgruppen-Gottesdienst das Richtige, mit einer Kurzpredigt zum Thema Segen und modernen Liedtexten, zum Beispiel von Peter Fox oder Crow. Das zentrale Element wäre wieder die rituelle Handlung, die persönliche Segnung mit Handauflegung. Und auch hier könnte ein symbolisches Geschenk zur Erinnerung mitgegeben werden.

In der heutigen Welt gibt es einige Lebensübergänge, die bisher in den Gemeinden kaum ins Gespräch gekommen sind. Gerade hier wäre es gut, sich als evangelische Kirche frühzeitig den Menschen begleitend und segnend zur Seite zu stellen und damit auch Position zu beziehen. Beispielsweise für Menschen wie Helga, einer Frau um die fünfzig, von der ich erzählen möchte.

Obwohl diese Begegnung schon zwanzig Jahre her ist, erinnere ich mich noch genau, wie Helga an einem Sonntagmorgen das erste Mal im Türrahmen unserer Ladenkirche stand. Sie fiel sofort auf, weil sie so groß war. Helga wählte den freien Stuhl im Raum, der am nächsten am Ausgang stand. Das machen übrigens mehr Gottesdienstbesucher, als man denkt; sie sichern sich sozusagen ihren Fluchtweg, falls es ihnen nicht gefällt.

Helga wirkte auf mich sehr verschlossen, aber sie hörte meiner Predigt aufmerksam zu. Ich sprach an dem Tag über das Alte Testament, konkret über den Ausspruch eines Propheten Gottes. Der sagte: »Und nun spricht der HERR, der dich geschaffen hat, Jakob, und dich gemacht hat, Israel: Fürchte dich nicht! Ich habe dich erlöst. Ich habe dich bei deinem Namen gerufen, du bist mein.« (Jesaja 43,1ff.)

Ich erklärte, dass die Kernbotschaft dieses alten Textes heute noch gilt, dass Gott auch jeden von uns liebevoll bei unserem Namen ruft. Als ich das sagte, veränderte sich Helgas Gesicht merklich. Sie wirkte auf einmal ganz weich und verletzlich, geradezu schutzbedürftig. Irgendetwas schien sie sehr zu berühren. Aber sie blieb sitzen.

Nach dem Gottesdienst gab es wie üblich Kaffee und Kekse. Ich war neugierig auf diese unbekannte Frau und wollte mich gerade an sie heranpirschen, da kam sie schon schnurstracks auf mich zu. Sie reichte mir eine Tasse Kaffee und sprach mich im gleichen Moment mit bebender Stimme an. »Frau Pfarrerin, ich möchte von Ihnen wissen, bei welchem Namen Gott mich denn gerufen hat – bei meinem alten oder meinem neuen?«

Ihr Blick direkt in meine Augen verriet mir, dass diese Frage nicht scherzhaft gemeint war. Ich verstand erst einmal nur »Bahnhof«. Was wollte diese Frau von mir? Alter und neuer Name? Wovon sprach sie? Hatte sie einen aus ihrer Sicht scheußlichen Namen ändern lassen? Manche Eltern sind ja gnadenlos bei der Auswahl. Oder hatte sie sich scheiden lassen und jetzt ihren Mädchennamen wieder angenommen? Und wollte jetzt wissen, ob Gott das gut findet?

Helga erlöste mich von meinen Spekulationen und erzählte mir von dem Hintergrund ihrer Frage. Ganz frei heraus, obwohl sie mich nicht kannte – oder vielleicht gerade deshalb? Sie sprach von ihrem, wie sie es nannte, »falschen« Leben, das sie lange führen musste. Ich erfuhr von zahllosen schmerzhaften und erniedrigenden Erfahrungen, in der Schule, im Elternhaus und im Beruf. Sie berichtete über viele Gespräche mit Psychologen und über Gutachten, die über sie gemacht wurden. Wegen der Hormonbehandlung habe sie immer wieder mit ihrer Krankenkasse kämpfen müssen. Jetzt begann ich zu verstehen. Aber das alles sei nötig gewesen, fügte Helga hinzu, damit sie endlich ganz und gar das sein konnte, was sie in ihren eigenen Augen immer war: eine Frau. Eine Frau, die mit dem falschen Geschlecht geboren wurde. Mir gingen, als sie erzählte, immer wieder drei Worte durch den Sinn: »Welch eine Qual!« Als hätte sie es gehört, versicherte sie mir noch einmal, dass sich all das wirklich gelohnt habe. Und dass die lang ersehnte letzte Operation auch schon hinter ihr lag. Helga holte mit Tränen in den Augen ihren Personalausweis aus der Handtasche und zeigte ihn mir. Früher habe da Ulrich gestanden, nun Helga. Ihre Freude war unbeschreiblich. Und ich konnte sie mit ihr teilen. Dann wiederholte sie die Frage, bei welchem der beiden Namen Gott sie denn gerufen habe.

Zu dem Zeitpunkt hatte ich mich mit Transsexualität noch nie beschäftigt, weder theologisch noch in anderer Weise. Zudem wurde vor zwanzig Jahren transsexuelles Leben viel mehr als heute im Privaten gehalten. In der Gesellschaft wurde darüber kaum gesprochen. Und wenn, dann wurde das Empfinden, in einem Körper mit den falschen Geschlechtsmerkmalen zu sein, fast ausschließlich als seelische Krankheit eingestuft, die es zu behandeln gilt. Eigentlich ging es Helga ja darum, zu wissen, ob Gott sie als transsexuelle Frau liebt und akzeptiert. Mir lag ein spontanes »Na klar« auf der Zunge, aber ich war zu jener Zeit noch freikirchlich – und noch nicht so lange Pastorin.

Ich kam, mal wieder, in den Konflikt zwischen meiner inneren Stimme und der Auffassung meines Arbeitgebers. Davon wollte ich Helga nichts erzählen, wollte sie aber auch nicht vertrösten oder abspeisen. Deshalb bat ich sie um etwas Zeit, um über ihre Frage nachzudenken – und die gab sie mir gern.

Als wir uns wiedersahen, war für mich die Antwort klar. Ich glaubte damals und glaube heute an einen Gott, der alle Menschen bedingungslos liebt und zu jedem gleichermaßen in Beziehung treten will. Pragmatisch weitergedacht, ist es doch dann für Gott nur sinnvoll, einen Menschen bei dem Namen zu rufen, auf den der auch hört und reagiert, sich zu ihm umdreht. Also würde er in Helgas Fall wohl kaum »Ulrich« rufen.

Das sagte ich Helga – und ihre Erleichterung war spürbar. Mit ihr hätte ich, wäre ich ihr heute begegnet, auch ein Übergangsritual feiern wollen, zum Abschluss ihrer Geschlechtsanpassung, der Transition.

Seit einer Weile liegt dafür ein sehr schöner evangelischer Entwurf vor. Er wurde vom »Arbeitskreis Queer in Kirche und Theologie« (QUIKT) erarbeitet und zum Kirchentag 2015 in Stuttgart zur Diskussion gestellt. Für dieses Ritual ist inzwischen ein liturgischer Baukasten mit vielen Varianten entstanden. Er trägt den Titel: »Segen, Ritus, Kasualie – Trans*menschen vor Gott«, und steht im Internet allen Interessierten unter www.quikt.de zur Verfügung.

Es ist heute noch ein langer Prozess, bis das Geschlecht, das ein Mensch für sich selbst als wahr empfindet, zum gelebten Geschlecht wird. Der Abschluss dieses Weges ist meines Erachtens ein großer Anlass für ein christliches, im wahrsten Sinne des Wortes NEUES Ritual der evangelischen Kirche. Ich könnte mir solch eine Feier auch im regulären Sonntagsgottesdienst vorstellen, zumindest in Berlin.

Rituale gibt es in vielen Formen und Ausrichtungen. Sie sind im Alltag eines jeden Menschen zu finden, auch im Leben von Partnerschaften und Familien. In Gruppen bestimmen Rituale die Identität der Gemeinschaft mit. Das tägliche gemeinsame Abendessen, der regelmäßig stattfindende Familienrat, die Zigarette danach ... oder auch die tägliche Nachrichtensendung. Es gibt Unzähliges, das zu unserer Lebensgestaltung gehört, das in der Regel immer gleich abläuft und dessen Fehlen uns auffällt, wenn nicht sogar irritiert. Das sind unsere individuellen Rituale.

Seit jeher gehören Rituale und dazugehörige Symbole vor allem auch zur Religion, zum spirituellen Kultus. In der evangelischen Kirche wird das vor allem in den zwei Sakramenten ganz deutlich, in Taufe und Abendmahl, aber auch bei einer Konfirmation, einer Trauung oder einer Beerdigung.

Hier geht es aber, im Gegensatz zu profanen Alltagsritualen, immer auch um die Beziehung zu einem, der höher ist als unsere menschliche Existenz, und das ist Gott. Im Ritus wird die Verbindung zu ihm hergestellt, in Gebeten, durch Lieder, in den Segnungen der Menschen – und mittels Symbolen, zum Beispiel die Ringe für das Brautpaar. Die beteiligten Menschen erhoffen sich Gutes von diesem Gott, manchmal seinen Schutz, manchmal die Vergebung, manchmal Trost und Heilung – und manchmal alles zusammen. Christliche Übergangsrituale wollen den Menschen Zuversicht geben, dass sie in der neuen Lebensphase, in die sie nun eintreten, nicht allein gelassen werden. Weil Gott sie begleitet und seine Kirche ihnen eine tragfähige Gemeinschaft ist. Das Gleiche gilt genauso für ein ganz individuelles Ritual, das zu einem bestimmten Anlass durchgeführt wird, wie zum Beispiel die Krankensalbung bei Alma Schmidt.

Einige Wendepunkte im Leben moderner Menschen finden in der evangelischen Kirche bisher noch kaum rituelle Angebote. Ich denke, dass sich das aber zunehmend ändern wird, denn viele Christen haben die Kraft und den Segen solcher Handlungen bereits für das Gemeindeleben wiederentdeckt.

Manche Kritiker sehen die Gefahr, dass sich die Kirche mehr und mehr zum Zeremonienmeister machen lässt, um dem Zeitgeist und individuellen Ansprüchen zu entsprechen. Diese Sorge kann ich ein wenig nachvollziehen. Aber eben nur ein wenig, denn ich vertraue der Kompetenz der vielen Aktiven an der Basis und der Kraft des Heiligen Geistes.

»FRAU PFARRERIN, MEINE FRAU, SIE SOLL STERBEN, JETZT.«

Die Kirche und die neuen »Alten«

Der ältere Herr am Telefon brachte noch ein »Bitte kommen Sie!« heraus und den Namen des Krankenhauses, bevor er weinend auflegte.

Auf der Fahrt dorthin ging mir vieles durch den Kopf. Die Intensivstation ist kein unbekannter Ort für mich, doch jedes Mal fühle ich mich von den ganzen Apparaturen und Schläuchen wie erschlagen. Die moderne Medizin ist beeindruckend und wirkt gleichzeitig doch sehr beunruhigend. Dann sah ich Frau Naumann. Die kleine Patientin verschwand fast in ihrem großen Bett. Sie schlief ruhig, dank ausreichend Morphium. Ich setzte mich zu ihrem Ehemann – und nahm wortlos seine Hand.

Er zitterte, als er sprach. »Der Arzt hat gesagt, dass keine Hoffnung mehr besteht. Durch die Geräte würde nur noch das Sterben meiner Frau verlängert – nicht mehr das Leben. Ohne die Apparate-Medizin wäre sie längst tot.« Deshalb würden sie jetzt der Natur ihren Lauf lassen und die Behandlung abbrechen wollen, sie sterben lassen. Herr Naumann schluckte. Das würden sie aber gern erst dann tun, wenn er auch so weit sei, sie gehen zu lassen.

Der Mann war mit dieser Situation völlig überfordert. Er wusste, wie schwer seine Frau erkrankt war und wie sehr sie gelitten hatte. Doch fast sechzig Jahre ihres Lebens hatten die beiden zusammen verbracht. Und jetzt sollte es zu Ende sein?

»Ich weiß nicht, wie ich das aushalten soll, deshalb habe ich Sie angerufen«, sagte er mir. Ich konnte ihm sein Leid natürlich nicht abnehmen, aber ich konnte für ihn da sein, an seiner Seite, und das wollte ich von Herzen gern tun. Wir sprachen lange an jenem Nachmittag, über seine liebe Frau, über die gemeinsamen Jahre und über sein »Morgen« ohne sie, das für ihn überhaupt nicht vorstellbar war. Und wir beteten zusammen.

Herr Naumann hatte verstanden, dass es aus medizinischen und auch aus ethischen Gesichtspunkten nicht mehr vertretbar war, seine Frau weiter zu behandeln. Und er glaubte daran, dass der Tod nicht das Ende ist und seine Frau in der Ewigkeit bei Gott sein würde. Das gab ihm etwas Kraft, bei aller Verzweiflung. Er nahm die Hand seiner Frau und streichelte sie. Dann rief er den Arzt in den Raum.

»Können wir anfangen? Die Sauerstoffzufuhr und das Morphium belassen wir ihr natürlich«, erklärte der Arzt. Als Herr Naumann nickte, nahm ich wieder seine zitternde Hand.

Zwei Tage später lebte Frau Naumann noch, sie hatte ein starkes Herz. Ich begleitete ihren Mann noch einmal auf die Intensivstation. Jetzt war der Tod im Raum. Und in einer Sekunde wurde mir im wahrsten Sinne des Wortes bildlich klar, was modernste Medizin vermag. Denn die Frau, die jetzt vor mir lag, war nicht dieselbe wie zwei Tage zuvor. Jetzt sah ich eine Sterbende.

Auch Herr Naumann wollte jetzt nur noch eins: dass sein Schatz einschlafen und die Reise in die Ewigkeit antreten kann. Es fiel ihm natürlich immer noch unendlich schwer, sich zu verabschieden, aber jetzt konnte er sehen und spüren, was der Arzt ihm auf der rationalen Ebene verständlich machen wollte.

Drei Tage später starb Frau Naumann, ohne Schmerzen, im Alter von 77 Jahren.

Dieses Ehepaar war eine weite Strecke seines Lebens miteinander gegangen. Sie hatten keine Kinder gehabt und waren sehr aufeinander bezogen gewesen. Trotzdem hatten sie nicht nur für sich gelebt. Schon am Anfang ihrer Ehe hatten sie für ein stabiles gemeinsames Umfeld gesorgt. Im Alltag und auf ihren Reisen hatten sie mit ihrer aufgeschlossenen Art viele Menschen kennen- und schätzen gelernt. Und die beiden hatten viel getan, um diese entstandenen Freundschaften zu pflegen.

Als Frau Naumann gestorben war, war es genau dieses Umfeld, das ihrem Mann den nötigen Halt gab, um den Verlust und den Schmerz überhaupt zu ertragen und zu überleben. Darüber war ich mehr als froh, denn aus meinen Erfahrungen in Trauergesprächen weiß ich, dass Verwitwete, die mit ihrem Partner eher isoliert gelebt hatten, es deutlich schwerer haben. Manchmal bringen sie für sich allein gar keine Lebensenergie mehr auf und sterben nicht lange nach ihren Partnern. Ein tragfähiges Umfeld bietet nicht nur lebenskräftigenden Trost in der Zeit der Trauer. Es hilft dem Hinterbliebenen auch, die eigenen Ressourcen, die den vertrauten Menschen ja bekannt sind, mit deren Hilfe neu zu aktivieren.

Die gemeinsamen Freunde, der Skatabend mit den Ex-Kollegen, die Schwimmgruppe, die Reisen oder auch der Seniorenkreis in ihrer Kirchengemeinde, den sie regelmäßig gemeinsam besucht hatten, all das gab Herrn Naumann die Kraft, sich schließlich im Leben neu zurechtzufinden. Und die Freunde haben sich auch wirklich rührend um ihn bemüht. Der Witwer war sehr dankbar dafür, und auch dafür, dass er mit seinen 82 Jahren noch sehr rüstig war und über eine erstaunlich gute körperliche und geistige Konstitution verfügte. Das erhöhte natürlich zusätzlich seine Gestaltungsmöglichkeiten.

Es mag für manchen vielleicht befremdlich sein, dass dieser Mann sein Leben noch einmal ganz neu in die Hand nahm. Eigentlich setzt sich eine Person dieses Alters doch zur Ruhe, zieht sich aus dem Trubel der Welt zurück und lebt nun ihren wohlverdienten Ruhestand, seine letzten Lebensjahre, wenn auch leider ohne seine Frau. Und bald würden sich bei diesem Alter sicher auch Gebrechen einstellen. Noch in den 1990ern war dies das gängige Bild. Man verband Alt-Werden und Alt-Sein in erster Linie mit Rückzug, mit Abbau, mit sich mehrenden körperlichen wie geistigen Defiziten und mit dem näher rückenden Tod.

Viele hatten zu jener Zeit eine Vision im Hinterkopf, was auf einen zukommen würde: Wenn man Glück hätte und es einem beim Renteneintritt noch gut ginge, wäre noch Zeit da, sich etwas zu gönnen, zum Beispiel die lang ersehnte Fernreise. Schließlich wäre man dann ja frei und hätte endlich keine Verpflichtungen mehr. Und verdient wäre es sowieso, man hatte schließlich in all den Berufsjahren genug für die Gemeinschaft geleistet.

Wenn man dann richtig alt wäre, würde das Leben bestimmt nicht mehr so viel Spaß machen. Dann würde man vielleicht schwer krank, auf jeden Fall aber immer gebrechlicher. Und müsste vielleicht sogar anderen zur Last fallen. Dann würde man nur noch darauf warten, dass endlich Schluss ist. Aber vielleicht würde man ja auch das Glück haben und einfach tot umfallen.

Diese Vision vom Alter habe ich natürlich sehr überspitzt und einlinig skizziert. Und sicher malten auch schon vor dreißig Jahren nicht alle Menschen dunkle Bilder vom Alter. Doch überwiegend, auch in der damaligen öffentlichen Diskussion, richtete sich der Blick auf das »Vergehen« im Alter, nur minimal auf das noch einmal »Werden«.

Das hat sich aber seit der Jahrtausendwende zunehmend verschoben, in Richtung einer wesentlich differenzierteren Sichtweise. Vor allem die vielfältigen und ganz individuellen Lebenswirklichkeiten jüngerer und älterer »Alter« von heute sind es, die traditionelle Altersbilder aus den Angeln heben. Ihre bunte Art zu leben, ihre längere Lebensdauer und ihre Präsenz in der Gesellschaft lassen heutzutage kein pauschales oder festgelegtes Bild vom Alter mehr zu. Seniorinnen und Senioren sind oftmals bereit, sich mit all ihrem Potenzial noch aktiv einzubringen, wollen beteiligt sein am Geben und Nehmen der Gemeinschaft. Viele wollen sich eben noch nicht zur Ruhe setzen. Und dank des medizinischen Fortschritts sind Energie und Mobilität auch länger gegeben als früher. Heute sind viele Krankheiten so beherrschbar geworden, dass der oder die Betroffene damit handlungsfähig bleibt und ohne wesentliche Einschränkungen leben kann.

Es heißt immer wieder, auch in den Altersberichten der Bundesregierung, dass die 70-Jährigen von heute konstitutionell im Durchschnitt fünf Jahre jünger seien. Sicher, auch das kann man natürlich nicht pauschalisieren. Nicht jeder 82-Jährige ist so rüstig, wie Herr Naumann es war. Und nicht jede 60-Jährige kann noch, wie sie möchte. Es ist enorm wichtig, dass keinem Menschen höheren Alters das Gefühl gegeben wird, er oder sie müsste auf jeden Fall diesem »Fit im Alter« nachjagen. Oder sich mies fühlen, weil es bei ihm eben anders ist. Die jungen und die älteren »Alten« gehören alle in die Mitte der Gesellschaft, ohne Ausnahme.

Ich habe viele von ihnen im Laufe meines Dienstes kennengelernt und erlebte sie immer als sehr beeindruckend, sowohl die Fitten als auch die Eingeschränkten. Ältere Leute sind oft so wach und interessiert, gewitzt und manchmal sogar weise. Sie bringen so viel Erfahrung mit und wissen so viel. Natürlich, mitunter sind sie auch eigen und strapazieren die Geduld ihres Gegenübers. Diese Menschen haben es eben nicht mehr nötig, irgendjemandem zu genügen oder sich zu beweisen. Das merkt man ihnen an, finde ich. Aber was zum Beispiel Toleranz angeht, da sind die Alten nach meiner Erfahrung immer ganz vorn mit dabei. Ich kann mich noch genau daran erinnern, dass es die Senioren waren, die einem neu zugezogenen schwulen Pärchen von Anfang an ganz liebevoll und ohne Vorbehalte in der Gemeinde begegnet sind. Und die auch nicht hinterm Rücken über die beiden Männer hergezogen haben, wie es ja in der Kirche mitunter vorkommen soll.

Seniorinnen und Senioren sind kein »altes Eisen« und auch keine »Grufties«, wie die Konfirmanden sie manchmal respektlos nennen. Sie sind lebenserfahrene Menschen, die uns noch etwas zu sagen haben. Die anderen Generationen tun gut daran, ihnen zuzuhören, nicht nur in der Gesellschaft, sondern auch in der Kirche. Denn sie ist, biblisch gesprochen, der »Leib Christi«, also ein lebendiger Organismus, an dem kein einzelner Teil übersehen werden darf oder entbehrlich wäre. Schon gar nicht die vielen »Alten«, die eine tragende Säule in fast jeder Kirchengemeinde sind.

Laut Einschätzung der Bundeszentrale für politische Bildung wird der Bevölkerungsanteil von über 60-Jährigen in den nächsten fünfzig Jahren von derzeit 23 auf 37 Prozent steigen. Und die Politik stöhnt über die zu erwartenden großen finanziellen Probleme, zum Beispiel weil Menschen durch die höhere Lebenserwartung deutlich länger Rente beziehen werden. Und weil natürlich auch der Bedarf für altersgerechtes Wohnen, für Heimplätze und für die Versorgung und Begleitung von Pflegebedürftigen immens ansteigen wird. Gleichzeitig reichen die Beiträge der Folgegenerationen nicht mehr aus. Wenn man es also etwas brutal zusammenfassen würde, lautet die Prognose: *Zu* viele »Alte« leben *zu* lange und kosten die Gemeinschaft *zu* viel.

Dabei ist es schon aufgrund unserer ethischen Werte und des Grundgesetzes klar geboten, den Senioren in unserer Mitte ein würdiges und ihnen gemäßes Leben bis zum Ende zu ermöglichen. Ein Leben, das sie, solange es geht, selbst gestalten können und in dem sie nicht vom sozialen Miteinander ausgeschlossen sind.

Die »Alten« verdienen, wie alle anderen Menschen auch, großen Respekt und Wertschätzung. Erst recht, wenn die aktuellen Sorgenträger sich bewusst machen, dass die heute Hochbetagten und oftmals Pflegebedürftigen noch aus der Generation stammen, die einen Weltkrieg mit unfassbaren Geschehnissen und mit großem Leid erlebt hat – und trotz Hunger und Entkräftung dieses zertrümmerte Land wiederaufgebaut hat. Dafür schulden wir diesen Menschen Dank und einen achtsamen Umgang.

Die deutlichen Veränderungen in der Bevölkerungsstruktur sind nicht wegzudiskutieren. Wenn aber eine Teilgruppe der Gesellschaft, egal welche, zum Kernproblem erklärt wird, ist das nicht nur menschenfeindlich, sondern auch populistisch. Dann ist aus meiner Sicht jedes Mal Korrektur und Mahnung nötig, und das im besonderen Maße durch die evangelische Kirche. Denn schon in ihren fundamentalen Handlungsmaximen, nämlich den Aussagen der biblischen Schriften, ist dieser Auftrag formuliert: Christen sollen Position beziehen und Verantwortung übernehmen, auch im gesellschaftlichen Leben.

In der Bibel wird einiges zum Thema »Alter« und »Alte« gesagt, ganz besonders im Alten Testament. Natürlich wurden diese Aussagen für die damaligen Lebensrealitäten und gesellschaftlichen Strukturen getroffen und sind nicht ohne Weiteres auf die heutige Situation übertragbar. Doch die dort erkennbare Hochachtung den »Alten« gegenüber und der entsprechend gebotene Umgang mit ihnen, die sind zeitlos bedeutsam.

Ein hohes Lebensalter zu erreichen, wurde zu biblischen Zeiten als Segen Gottes angesehen. Die Menschen hörten auf die Lebensklugheit und die Glaubenstiefe der »Alten«. An einer Stelle heißt es zum Beispiel »Wie schön ist Weisheit bei den Alten und bei Angesehenen Überlegung und Rat. Die Krone der Alten ist reiche Erfahrung; und ihre Ehre ist die Furcht des Herrn.« (Jesus Sirach 25,4-6)

Das Alter eines Menschen wird in den biblischen Schriften aber keinesfalls glorifiziert und als ausschließlich wunderbar beschrieben, sondern mit allen Facetten, eben realistisch. Von Weisheit und Stärke wird ebenso erzählt und gesungen wie von

Mühsal, Gebrechen und Leid. Den »Alten«, fit oder gebrechlich, sollte auf jeden Fall Respekt gezollt werden, das war ein Gebot Gottes. Bei Mose heißt es zum Beispiel: »Vor einem grauen Haupt sollst du aufstehen und die Alten ehren und sollst dich fürchten vor deinem Gott, ich bin der Herr.« (3. Mose 19,32) Und mit dem Du waren nicht nur Jugendliche gemeint, sondern alle, die selbst noch nicht Senior waren.

Die Bibel bezeugt, dass Gott selbst an der Seite der »Alten und Höchbetagten« ist und bleibt. Der Prophet Jesaja drückt das so aus: »Gott spricht (...): Auch bis in euer Greisenalter bin ich derselbe, und bis zu eurem grauen Haar werde ich selbst euch tragen.« (Jes. 46,4) Und Gottes Sohn Jesus Christus fordert seine Nachfolger, also die Kirche, generell auf, sich mit aller Kraft für die Armen, Witwen und Waisen und für die Schwachen und an den Rand Gedrängten einzusetzen. Das wird im Neuen Testament ganz deutlich.

Man kann sich leicht ausmalen, was pauschale Aussagen wie »zu viele, zu teuer, zu lange« bei denen auslösen, die sich als gemeint erkennen. Gut wird das diesen Mitbürgern ganz sicher nicht tun. Schon deshalb nicht, weil es eine der größten Sorgen älter werdender Menschen ist, dass sie als »Alte« anderen zur Last fallen oder auf der Tasche liegen müssen.

Der Rat der EKD hat 2009 einen wichtigen Schritt zur eigenen Positionierung getan, als er die Orientierungshilfe »Im Alter neu werden können; Evangelische Perspektiven für Individuum, Gesellschaft und Kirche« veröffentlichte. In dieser Publikation entfaltet die Kirche eine moderne, der Lebenswirklichkeit angemessene und differenzierte Sicht auf das Alt-Werden und Alt-Sein. Sie hebt dabei auf die Chancen, Ressourcen und Möglichkeiten im Alter ab. Schon der gewählte Titel zeigt eine deutliche Distanz zu dem früher vorherrschenden Altersbild. In der aktuellen Schrift wird die Lebendigkeit und das »Werden« in dieser Lebensphase betont, ohne aber dabei die Herausforderungen, Defizite und möglichen Nöte des Alters außer Acht zu lassen. Aber die stehen eben nicht im Vordergrund. Das macht diese Orientierungshilfe so bereichernd, nicht nur für den innerkirchlichen Austausch, sondern auch für gesellschaftliche und politische Diskussionen um den demografischen Wandel. Es ist gut zu wissen, dass die jüngeren und älteren »Alten« offensichtlich in der evangelischen Kirche eine Lobbyistin gefunden haben.

Damit diese Menschen im alltäglichen Gemeindeleben ihren Raum einnehmen können, ihre Ideen und Vorhaben gefördert werden und sie auch das öffentliche Geschehen mitbestimmen können, bedarf es, so die EKD, eines geballten Engagements. Das sei eine Aufgabe der »Alten« selbst, der Gesellschaft und, natürlich, der Kirche. Am Ende der Orientierungshilfe finden sich darum auch drei ambitionierte Aufgabenkataloge.

In der To-do-Liste, die unsere Kirche sich selbst auferlegt, lese ich viel von »Konzepten und Konzeptionen«, die zu erarbeiten seien. Die sind sicher sinnvoll, ohne Frage. Aber sie werden erst einmal dauern. Mein Blick richtet sich lieber auf das Hier und Jetzt, wie immer; auf Angebot und Miteinander in den christlichen Gemeinden, in ländlichen Gebieten und in den Städten. Es gibt viele Orte, an denen bereits intensiv daran gearbeitet wird, dass Seniorinnen und Senioren in ihren Reihen im Alter »neu« werden können.

Der Seniorenbereich nimmt ja schon seit jeher einen zentralen Raum in den evangelischen Kirchen ein. Es gab und gibt vielfältige Angebote, in den Ortsgemeinden und in Projekten. Flächendeckend sind regelmäßige Altenkreise, Ausflüge, spezielle Gottesdienste, Feiern und Jubiläumsrituale zu finden. Ich nenne all dies gern das »kirchliche Wohlfühlprogramm«. In Krankenhäusern, in Alten-WGs und in Wohn- und Pflegeheimen werden Gespräche mit Seelsorgern angeboten und regelmäßige Andachten gehalten. Und für diakonische Beratungsstellen und

Einrichtungen, für Hospize und Pflege stellt die EKD weitere Ressourcen bereit.

Den Seniorinnen und Senioren soll es in ihrer Kirche gut gehen, sie sollen sich zu Hause fühlen, Wertschätzung erfahren und sich als Teil einer tragfähigen Gemeinschaft erleben. Und wer mag, kann sich natürlich gern ehrenamtlich einbringen und beteiligen. Darüber freuen sich neben den Gästen auch die wenigen Hauptamtlichen, die es noch gibt. Gerade für den Bereich »Arbeit mit Senioren« gibt es in den Kirchengemeinden kaum noch festangestellte Mitarbeiter. Es sei leider immer weniger Geld für Personal verfügbar, heißt es immer wieder.

Beim kirchlichen Engagement im Altenbereich fällt auf, dass es lange vornehmlich *fürsorglich* und im besten Sinne *versorgend* ausgerichtet war, entsprechend dem früheren gängigen Altersbild, das vom Ende her dachte. Die christliche Gemeinschaft wollte die Menschen in ihrer letzten Lebensphase ehren, ihnen zur Seite stehen, sie bis zum Ende integrieren und sie, wo es nötig ist, unterstützen. Das will sie heute noch genauso und tut es mit ihrem »Wohlfühlprogramm« ja auch auf vielfältige Weise – zur Freude zahlreicher alter Menschen.

Doch es gibt Senioren, insbesondere auch jüngere, die sich zu all dem noch etwas anderes in der Kirche wünschen, etwas mit mehr »action«. Sie fühlen sich einfach noch zu jung für einen Seniorenkreis. Das kann ich schon verstehen, wobei ich gerade die traditionellen Altenkreise auch überaus lebendig in Erinnerung habe.

Als Gemeindepfarrerin war es für mich immer ein Höhepunkt, wenn ich in der Runde der »Alten« dabei sein konnte. Die Seniorinnen, es waren immer deutlich mehr Damen, genossen ihre Treffen spürbar. Dieser Termin war ein fester Bestandteil in ihrer Wochenplanung. Die meisten kamen wirklich regelmäßig, um in der Kirche zusammenzusitzen: zum erzählen, Kuchen essen, um das Programm zu verfolgen und um gemeinsam zu singen. Diese Nachmittage waren auch für mich ein richtiges »Wohlfühlprogramm«, ein Seelenwärmer. Wir haben mitunter getanzt und viel gefeiert. Aber genauso konnten wir auch miteinander trauern, wenn jemand aus der Runde gestorben war. Dann waren es vor allem die alten Volkslieder, die über das beklemmende Bangen hinweghalfen, ob man wohl als Nächster dran sei.

Die jungen und älteren »Alten«, das sind diejenigen, die schon immer verlässliche Säulen der Kirche waren, auch der evangelischen. Und heutzutage, angesichts fast leerer Gotteshäuser und des Mitgliederschwundes, sind sie das noch viel mehr. Ohne die Treue der Seniorinnen und Senioren, vor allem beim Gottesdienstbesuch, aber auch beim ehrenamtlichen und finanziellen Engagement wären weit mehr Kirchenbänke am Sonntagmorgen verwaist. Und auch die Unterstützung für Vorhaben der Gemeinde wäre deutlich geringer.

Sicher, Rentner zahlen keine Kirchensteuern, aber viele von ihnen geben noch ihr »Kirchgeld«. Und ich kenne keinen Senior, der den Klingelbeutel im Gottesdienst ohne Einwurf vorüberziehen ließe. Die Älteren investieren ihre Lebenszeit für die Kirche, für die Menschen und natürlich für Gott. Sie tragen zum Beispiel bis ins hohe Alter Gemeindeblätter aus, um Menschen persönlich anzusprechen, oder besuchen treu die Kranken. Oder sie häkeln und stricken für den Basar. Und nicht zuletzt sind es die anhaltenden Gebete der »Alten«, die auch meinen pfarramtlichen Dienst mittragen und schützen.

Man würde den Senioren ganz und gar nicht gerecht, würde man sie nur als Empfänger von fürsorglichen Angeboten der Kirche wahrnehmen. Sie sind Säulen, Mitgestalter und Akteure, lebendige und wertvolle Glieder am Leib Christi. Dass sie da sind, treu zu »ihrer« Kirche stehen, sollte niemals als selbstverständlich genommen werden. Das wäre ein fataler Fehler.

Nach dem 6. Altersbericht der Bundesregierung sind derzeit

übrigens schon circa 30 Prozent aller evangelischen Kirchenmitglieder über sechzig Jahre alt, und die Tendenz ist deutlich steigend. Im Jahr 2030 werden es der dortigen Prognose zufolge schon circa 40 Prozent sein. Auch diese Zahlen sind Anlass genug, sich als christliche Kirche zeitgemäß und flächendeckender aufzustellen.

In vielen Landeskirchen finden schon konkrete Veränderungen im Seniorenbereich statt. Das ist aber gar nicht so leicht, denn es kann kaum gelingen, ein für alle Senioren gleichermaßen passendes Angebot zu kreieren, dazu ist dieser Personenkreis viel zu heterogen.

Es gibt zum Beispiel jene, die erst kurze Zeit in Rente oder in Pension sind. Sie werden, bis zum Alter von Ende 70, in der Fachliteratur oft als »junge Alte« bezeichnet. Unter ihnen gibt es viele, die noch voll aktiv sind, mitunter auch in der Kirche. Dann gibt es diejenigen, die nur ihre Ruhe wollen und, wenn überhaupt, in der Gemeinde nur etwas aus dem »Wohlfühlprogramm« wählen. Dann sind da 70-Jährige, deren Gesundheit schon deutlich eingeschränkt ist. Und so weiter und so fort. Eine andere Gruppe von Senioren, in der Fachliteratur gern »alte Alte« genannt, ist im biologischen Alter schon weiter fortgeschritten, was allerdings erst mal nicht so viel heißt, wie man an Herrn Naumann sehen konnte. Es gibt 85-Jährige, die sich noch einmal neu verlieben oder verreisen oder noch einmal ganz anders durchstarten. Es gibt 90-Jährige, die noch mit dem Fahrrad durch Berlin fahren, was schon für junge Leute lebensgefährlich ist. Es gibt aber auch 80-Jährige, die auf stationäre Pflege angewiesen sind.

Die Diversität ist eine echte Herausforderung, auch für die haupt- und ehrenamtlichen Mitarbeiter der Gemeinden. Wie könnte man zum Beispiel die »jungen« Seniorinnen und Senioren ansprechen, wenn nicht mit einem Seniorenkreis? Wie könnten wir christliches Leben für sie und mit ihnen attraktiver gestalten? Das sollte ein Hauptanliegen für die kirchliche Arbeit sein. Und sicher erfordert das in Bezug auf die Senioren die gleichen intensiven Überlegungen, wie bei anderen Altersgruppen auch. Vor allem aber ist das Wagnis gefragt, manches Ungewohnte einfach einmal auszuprobieren.

Wie kann man junge und ältere Senioren gleichermaßen ansprechen? Eine gute Gelegenheit dazu wäre sicher der Ewigkeitssonntag, an dem der Toten des letzten Kirchenjahres gedacht wird. Zu diesem Gottesdienst werden viele Senioren eingeladen. Eine andere gute Möglichkeit, mit Senioren ins Gespräch zu kommen, gerade auch mit denen, die nicht regelmäßig am Gemeindeleben teilnehmen, wäre ein Konfirmations- oder Taufjubiläum. Weihnachtsfeiern und andere Feste bieten ebenfalls einen guten Rahmen, um ganz zwanglos nach Interessen und Wünschen an die Kirche zu fragen.

Ich habe auch sehr gute Erfahrung mit Trödelnachmittagen gemacht oder mit Weinproben. Wenn hier ein guter persönlicher Kontakt zueinander gelingt, auch zu den Nichtkirchlichen, ist die Tür für weitere Ansprache geöffnet. Viele Ältere haben ein Handy und nutzen das Internet. Es wäre also kaum Aufwand, sie künftig über Veranstaltungen oder Angebote zu informieren und einzuladen. Etliche Senioren sind auch bei Facebook unterwegs. Das bietet die Chance, dort als Kirche etwa Chatrooms zu verschiedenen Themen zu betreiben. Da könnten sich zum Beispiel solche Senioren ehrenamtlich in der Gemeinde engagieren, die selbst in den sozialen Medien unterwegs sind.

Es gibt in den Gemeinden einige Ideen, die schon erprobt wurden. Mal sind es traditionelle Angebote, die leicht modifiziert wurden. Mal sind es innovative neue Projekte. Alle diese Ansätze haben das Ziel, den Seniorinnen und Senioren jeden Alters mehr Räume zu öffnen, sich zu beteiligen – in der Weise, die ihnen jeweils entspricht.

In einer empfehlenswerten Arbeitshilfe der Evangelisch-Lutherischen Landeskirche Sachsens mit dem Titel »Blickpunkt kirchliche Seniorenarbeit, Herausforderung für die Zukunft« gibt es wunderbare Anregungen, Berichte und Arbeitsmaterialien. Die Broschüre ist aus dem Jahr 2011 und online verfügbar. Es gibt beispielsweise Seniorenakademien, deren Bildungsangebote gut genutzt werden. PC-Schulungen, Exkursionen in die Umgebung, Bildungsreisen oder auch Thementage stoßen auf großes Interesse bei der älteren Bevölkerung. Und es gibt viele, die regelmäßig zum Sport in einer Gruppe gehen möchten. Manche Rentner probieren auch etwas Kreatives aus, das sie noch nie in ihrem Leben gemacht haben, zum Beispiel malen oder schreiben. Und nicht selten entdecken sie dabei ungeahnte Talente. Das ist ja in jedem Lebensalter möglich. Einen Seniorenchor zu gründen ist ebenfalls schon mancherorts erfolgreich erprobt oder auch ein Senioren-Orchester. Wir sind mit älteren Gemeindemitgliedern vor Jahren schon einmal mit alten Berliner Liedern aufgetreten. Das war ein großer Erfolg, am Schluss sangen alle Besucher mit.

Bei all dem Genannten sind die Senioren aktive Mitgestalter, die sich im kirchlichen Raum entfalten und mit ihrer Lebendigkeit anderen ein bisschen »Wohlfühlprogramm« geben. Einige Senioren würden vielleicht auch eigene Projekte oder Veranstaltungen in der Gemeinde initiieren, wenn sie den Freiraum dafür bekämen. Eine Sache, von der ich hörte, gefiel mir besonders.

Dort wurden 58- bis 68-jährige Kirchenmitglieder persönlich zu einem gemeinsamen Abend eingeladen. Bei Essen und Trinken stellten sich verschiedene Gruppen der Kirchengemeinde vor, und danach wurde offen miteinander über die Bedürfnisse, Fragen und Kritik von allen gesprochen. Nach diesem Abend gab es Folgetreffen und gemeinsame Aktionen.

Neben der Umsetzung neuer Projekte ist es für unsere Kirche aber natürlich auch weiterhin wichtig, den fürsorglichen Teil der Altenarbeit nicht zu vernachlässigen. Doch um das alles zu schaffen, muss die evangelische Kirche auch hier mehr Mittel bereitstellen, zumindest, wenn sie ihre Schrift: »Im Alter neu werden können« ernst meint. Die EKD nagt doch weiß Gott nicht am Hungertuch, vieles ist aus meiner Sicht einfach eine Frage von gewählten Prioritäten. Eine davon muss sein, es der immer größer werdenden Zahl »alter« Menschen leicht zu machen, gern bei uns in der Kirche bleiben zu wollen.

Was meines Erachtens in der EKD-Schrift von 2009 viel zu kurz kommt, ist der Ansatz zu einem kirchlichen Wirken im sozialen Umfeld der Gemeinden, genauer, zur konkreten evangelischen Ansprache der vielen dort lebenden »Alten«. Wir sind als Christen mitten in die Welt gesandt und gestellt, auch in die Welt nichtchristlicher Seniorinnen und Senioren. Auch mit ihnen ins Gespräch zu kommen, ist meiner Erfahrung nach mühelos möglich, jedenfalls, sofern sie nicht das Gefühl vermittelt bekommen, dass man sich nun um sie »kümmern« will. Und Chancen für ein Kennenlernen, Räume für Begegnung, die gibt es überall. Denn heutzutage gibt es doch so viele Initiativen und Angebote, an denen auch ältere Menschen teilnehmen. Ob sie sich nun mit anderen für eine Sache engagieren oder einfach in Gemeinschaft Zeit verbringen, ob sie sich zu Sport und Spiel treffen oder sich im Nachbarschaftscafé mit anderen Generationen und verschiedenen Kulturen austauschen, ältere Menschen sind im öffentlichen Leben präsent und leicht zu finden. Der einfachste Weg für die Kirche, mit fremden Senioren in Kontakt zu kommen, ist es, mit ihnen etwas zusammen zu tun. Seniorengymnastik zum Beispiel ist sehr geeignet, zumindest dann, wenn der jeweilige im Stadtteil engagierte Mensch der Kirche selbst ungefähr im gleichen Alter ist. Und auch beim Canasta wäre ein sehr Erfahrener sicher das beste Gegenüber. Denn die »Alten« haben da alle Tricks drauf, ich war ihnen bei keinem Spiel gewachsen. Als sie mit mir dann noch um Cents pokern wollten, habe ich lieber gleich dankend abgelehnt.

Etliche Möglichkeiten zur Begegnung von Kirche und »Welt« bieten die Volkshochschulen. Dort kann man auch viele ältere Menschen treffen, in den verschiedensten Kursen. Kreatives steht hoch im Kurs, Umgang mit dem Internet, aber auch Vorträge und Sprachen. Als ich vor einiger Zeit selbst einen Sprachkurs an einer Berliner VHS machte, war der Älteste in unserer Gruppe Ende siebzig. Mit ihm kam ich sehr schnell in Kontakt, weil wir unsere Liebe zu Sprachen teilten. Der Mann war im Lernen oft schneller als so mancher ganz junge Mensch. Das hat mich beeindruckt. Und wenn er in den Pausen von seinen Reisen erzählte, von den fremden Ländern, die er bereits gesehen hatte, als es noch kein Google-Earth gab, dann war das für uns alle immer sehr spannend. Dieser Mensch hatte etwas an sich, was ich als Altersweisheit bezeichnen würde.

Viele Seniorinnen in der Gesellschaft, kirchliche wie nichtkirchliche, sind zugewandt und ansprechbar. Aber nur dann, wenn die Kirche sich als authentisches Gegenüber anbietet und auf den anderen in dessen Lebenssituation zugeht, kann - Vertrauen entstehen. Ältere Menschen haben viel Erfahrung und Menschenkenntnis. Sie merken, ob es der Kirche wirklich um sie und ihr Leben geht oder ob die nur auf Promo-Tour ist.

Könnte die evangelische Kirche vielleicht auch für die Senioren lebensdienlich sein, die öffentlich kaum zu sehen sind? Sie leben zurückgezogener, aus vielerlei Gründen. Nicht selten sind diese Damen und Herren viel allein. In einem Dorf stelle ich mir das weniger problematisch vor, weil man einander gut kennt und die Nachbarn aufeinander achten. Ich habe selbst nie in einem Dorf gelebt, aber auf einer Insel. Da war das so, wir wussten von der jeweiligen Lebenssituation des anderen. Doch in einer Großstadt wie Berlin, wo es wesentlich anonymer zugeht, wo manchmal selbst die direkten Nachbarn einander nicht kennen, ist das ganz anders. Da geraten die Zurückgezogenen, die »Isolierten«, schnell in Vergessenheit. Zu solchen Senioren seitens der Kirche erstmals Kontakt aufzunehmen, gestaltet sich nach meiner Erfahrung etwas komplizierter. Es gäbe den Weg, an deren Wohnungstür zu klingeln, auch wenn man damit ihrer Privatsphäre sofort ganz schön nahekommt. Für meinen Geschmack zu nah. Denn gerade alte Menschen haben nachvollziehbarerweise Angst, wenn ein Fremder vor der Tür steht. Dann ist eine Abweisung schon aus diesem Grunde fast absehbar. Außerdem könnte mancher denken, es wären die Zeugen Jehovas, die da klingeln. Das wäre suboptimal, auch für den armen Protestanten selbst.

Ich habe viel darüber nachgedacht, ob es nicht doch noch andere, weniger distanzlose Gelegenheiten gibt, gerade mit zurückgezogenen älteren Menschen in Beziehung zu treten. Eines Tages, allerdings mehr zufällig, habe ich dann eine Chance dazu bekommen. Die betreffende Nachbarin kaufte jede Woche auf dem Markt in unserem Viertel ein. In der Warteschlange am Hackepeter-Stand quatschten die Leute immer miteinander, und wenn es nur ein zwangloser Smalltalk über das Wetter war. Besagte Dame blieb schweigsam, hörte aber interessiert zu. Ich stand als »Neuling« auch mit da und wurde ganz selbstverständlich auch in das Gespräch mit einbezogen. Als Kirchenmensch wurde ich dort natürlich nicht wahrgenommen, sondern einfach nur als Nachbarin. Beim nächsten Markttag sah ich die stille Dame wieder – und dieses Mal begrüßten wir uns schon persönlich. Nach und nach kamen wir mehr in Kontakt. Das ging ganz langsam, aber es ging. Ihre Wohnung habe ich erst Monate später zum ersten Mal von innen gesehen.

Solche Gelegenheiten wie diese am Markt sind sicher dünn gesät – und es wären viele präsente und aufmerksame Christen in den Wohnvierteln nötig, um sie überhaupt alle zu entdecken.

Die Kirche hat aber keine Armada von Hauptamtlichen mehr. Sie vertraut aber darauf, so meine Einschätzung, dass viele Dienste noch von Ehrenamtlichen gestemmt werden, und darauf, dass diese engagierten Leute sich auch künftig intensiv engagieren werden.

Ich halte es für den falschen Weg und auch für gesellschaftlich wenig vorbildhaft, bezahlte Arbeit immer mehr zurückzufahren. Den Ehrenamtlichen gebührt großer Dank und Wertschätzung, dass sie so vieles noch möglich machen. Und doch heißt es in der Bibel: »Der Arbeiter ist seines Lohnes wert.« Daran sollte sich die Kirche als Arbeitgeber bei ihrer Personalpolitik als allererste halten, auch um einer besseren Reputation in der Öffentlichkeit willen.

Es gibt noch eine andere Möglichkeit, für Senioren außerhalb des Kirchsaales als Kirche »anfassbarer« zu werden. Sie könnte in den jeweiligen Stadtteilhäusern und an anderen zentralen Begegnungsorten im Viertel im wahrsten Sinne einen »Raum« einnehmen. Und dort, mit einem kirchlichen Team, Teile des innerkirchlichen Programms für Anwohner anbieten, beispielsweise einen Zielgruppen-Gottesdienst für ältere Mitbürger, in dem es thematisch nur um ihre Belange geht, auch, was die Auswahl der Bibeltexte angeht. Das Team könnte in diesem »Raum« auch eine fortlaufende Veranstaltungsreihe machen, zu berühmten Leuten der Christenheit zum Beispiel. Dazu gibt es auch tolle Filme, die man ausleihen und vorführen könnte.

Die Raummieten in solchen Nachbarschaftshäusern sind in der Regel nicht hoch, weil die Betreiber meistens selbst Fördermittel erhalten. An so einem Ort ist die Kirche jedenfalls mittendrin im Leben und definitiv ganz »nah bei den Menschen«.

So ein Dienst wäre für einen Einzelnen zu viel, auch wenn er noch so engagiert ist. Solche kirchliche Kiez-Arbeit geht, so meine Erfahrung, nur in einem Team mit Christen, die selbst mitten im Leben stehen und ein offenes Herz für ihr Viertel und die Menschen dort haben. Ohne Mitstreiter hätte ich als Pfarrerin diesen Dienst nicht machen können und auch gar nicht machen wollen. Wenn es darum geht, speziell älteren Menschen etwas anzubieten, wären natürlich gerade solche Teamer toll, die selbst im Seniorenalter sind.

Zu kirchlichen Veranstaltungen, die sozusagen im »weltlichen Raum« stattfinden, kommen erfahrungsgemäß auch die Menschen, die ein traditionelles Kirchengebäude nicht betreten wollen. Manche Leute kommen, weil ihnen zu Hause langweilig ist. Andere suchen Antworten auf existentielle Fragen. Und manche älteren Nachbarn kommen, damit sie nicht so allein sind.

Zum Schluss muss ich Ihnen unbedingt noch von unserem Kindertheaterprojekt in der Gemeinde erzählen, das spontan ein »generationsübergreifendes« wurde.

Mit einer Gruppe Grundschulkinder übten wir vor ein paar Jahren ein selbstgeschriebenes Stück. Die jungen Schauspieler waren toll, die Kleider und die Bühnenbilder auch, alles war sehr farbenfroh. Am Ende feierten wir den Erfolg von gut besuchten Vorstellungen. Keiner der Besucher wusste, wie sehr uns die Kostüme zu schaffen gemacht hatten. Es gab nichts Passendes zu kaufen, das wäre sowieso viel zu teuer geworden. Plötzlich hatte jemand den phantastischen Einfall, die Seniorinnen der Gemeinde um Hilfe zu bitten. Einige von ihnen verstanden sich aufs Nähen oder waren sogar Schneiderin von Beruf. Und tatsächlich waren sie bereit, mit uns Stoffe auszusuchen und allen Kindern Kostüme zu nähen, sogar mit gewünschtem Beiwerk. Das war so ein schönes Miteinander. Jeder kann sich vorstellen, wie die Kinder sich fühlten, als es zur ersten Anprobe ging, eben einfach großartig. Ich hatte eine Nebenrolle als weißer singender Elefant; für mich haben die Damen die schönsten Ohren und Rüssel aller Zeiten gefertigt. Die Seniorinnen und die Kinder, sie waren bei unserem Stück nur aus einer Not heraus zusammengekommen – und sind es dann gerne geblieben, bis der letzte Vorhang fiel. Sie haben sich prima verstanden, bis auf die seltenen Anfälle von Star-Allüren seitens der Schauspieler, die es ja am Theater immer gibt.

In solchen Momenten sah ich die »Alten« immer nur milde lächeln.

Ja, wir können viel von ihnen lernen.

»DIE KIRCHE IST NUR KIRCHE, WENN SIE FÜR ANDERE DA IST.«

Warum ich mich an Dietrich Bonhoeffers Denken orientiere

Pfarrer, Theologe, Pazifist, politischer Verschwörer – alle diese Attribute, dazu viele andere mehr, beschreiben Dietrich Bonhoeffer, einen der bis heute bekanntesten und am meisten diskutierten evangelischen Theologen des 20. Jahrhunderts. Dieser Mann lebte und arbeitete in einer Zeit, die zu den dunkelsten Deutschlands zählt, nämlich der Zeit des Aufstiegs und der Herrschaft Adolf Hitlers und der Nationalsozialisten. Doch etliches, was Bonhoeffer schrieb, tat und sagte, ist auch heute noch aktuell. Das gilt insbesondere für seine Gedanken über »seine« evangelische Kirche. »Die Kirche ist nur Kirche, wenn sie für andere da ist« (DBW Band 8, S. 560); das ist eine seiner letzten zentralen theologischen Aussagen, bevor er viel zu jung grausam zu Tode kam.

Wer war dieser Dietrich Bonhoeffer? Um dieser Frage, vor allem diesem Menschen, gerecht zu werden, müsste ich mindestens zehn große Abhandlungen schreiben. Es geht mir hier aber nur darum, diesen beeindruckenden Menschen ein wenig vorzustellen, seine Aussagen zum Wesen dieser »Kirche für andere« deutlich zu machen – und aufzuzeigen, was sie für mich und meine Arbeit bedeuten. Denn ich erlebe in meinem pastoralen Dienst immer wieder, dass seine Vorstellung auch heute noch, über siebzig Jahre später, zumindest streckenweise umsetzbar ist.

Dietrich Bonhoeffer kam am 4. Februar 1906 in Breslau zur Welt, gemeinsam mit seiner Zwillingsschwester Sabine. Ab dem sechsten Lebensjahr wuchsen die beiden mit sechs weiteren Geschwistern in Berlin-Grunewald auf. Der Vater Karl Bonhoeffer war ein bekannter Psychiater und Neurologe, Professor an der Berliner Universität und Leiter der ihr angeschlossenen Nervenklinik. Die Mutter Paula Bonhoeffer, geborene von Hase, war ausgebildete Lehrerin für höhere Mädchenschulen. Auch die eigenen Kinder unterrichtete sie selbst, jedenfalls, solange es für sie allein zu schaffen war. Die Bonhoeffers waren eine Familie mit festen Wertmaßstäben, dabei aber durchaus bereit, sich Neuem zu öffnen. In ihrem Haus wurde sehr viel gefeiert, Gemeinschaft gepflegt und auch politisch diskutiert. Die Eltern legten bei der Erziehung großen Wert darauf, ihren Kindern genügend Raum zu lassen, damit sie sich frei entwickeln konnten, und sie förderten deren jeweilige Anlagen und Interessen sehr.

Nach dem Abitur studierte Dietrich Bonhoeffer Theologie, obwohl er selbst wie auch seine ganze Familie nicht besonders religiös war. Er promovierte mit 21 Jahren und habilitierte sich später.

Dietrich Bonhoeffer war ein vielseitig gebildeter und interessierter Mensch. Ihm lag zudem viel daran, internationale Erfahrungen zu machen. Ein Jahr lang war er Vikar in Barcelona, und er verbrachte ein Studienjahr in New York. Bonhoeffer schätzte die Begegnungen mit Menschen anderer Kulturen und Traditionen und nahm von seinen Reisen sehr viel Wertvolles für sein Leben, seinen Glauben und seine Arbeit mit. Die Negro-Spirituals zum Beispiel, die er in einer Baptistengemeinde in Harlem kennenlernte, faszinierten ihn besonders.

Dietrich Bonhoeffer war ein Mann des Friedens und der Gerechtigkeit. Waffen und Krieg waren für ihn zu keiner Zeit mögliche Wege, um Konflikte zu lösen.

Er gehörte zur konfessionsübergreifenden Bewegung der Ökumene und setzte sich intensiv für brüderliche Verbundenheit und das Miteinander aller Kirchen und Gemeinschaften ein, die christlichen Bekenntnisses sind. Er selbst war ein zutiefst glaubender Mann. Er schrieb 1942 einmal an seinen Freund Eberhard Bethge: »Ich bin keine religiöse Natur. Aber an Gott, an Christus muß ich immerfort denken, an Echtheit, an Leben, an Freiheit und Barmherzigkeit liegt mir sehr viel. Nur sind mir die religiösen Einkleidungen so unbehaglich.«

Zugleich war er aber auch ein Mensch mit politischem und gesellschaftlichem Bewusstsein. Von Anfang an stand er in Opposition zu Hitler und seiner Ideologie, und das nicht nur im stillen Kämmerlein. Dietrich Bonhoeffer positionierte sich klar und nahm öffentlich Stellung gegen das Unrecht. Als Theologe und Pfarrer kritisierte er vor allem das Verhalten der evangelischen Kirche in dieser Zeit. Er klagte sie an, weil sie sich diesem Tyrannen nicht entgegenstemmte und stattdessen mit Hitler koalierte. Die evangelische Kirche hatte mit der Mehrheit der regimekonformen »Deutschen Christen« ihre Freiheit weitgehend aufgegeben. Unter Hitler gab es nämlich, bis auf ganz wenige lokale Ausnahmen, nur noch eine vereinigte Reichskirche. Dieser stand ein einziger, dem Regime genehmer Reichsbischof vor. Das war eine sehr grundlegende Veränderung in der protestantischen Kirche, denn bis dahin hatte es immer viele einzelne regionale selbstbestimmte Landeskirchen mit jeweils eigenen Bischöfen und Leitungsorganen gegeben.

Doch die NS-Obrigkeit und auch deren Ideologie wurden von vielen Protestanten als gottgemäß angesehen. So wurde auch das Alte Testament vielerorts nicht mehr gepredigt, weil es ja ausschließlich von den Juden handelte. Unvorstellbar, aber so war es!

Für Dietrich Bonhoeffer war es unerträglich, zu erleben, wie sehr »seine« Kirche sich vom Evangelium entfernte, wieder einmal. Denn schon beim Ersten Weltkrieg hatte sie das in seinen Augen getan, als sie Gott dafür instrumentalisierte, das Volk in den Krieg zu treiben.

Dietrich Bonhoeffer fand deutliche und provokante Worte, mündlich wie schriftlich. Berühmt geworden ist zum Beispiel ein Satz, den er schon 1933 anlässlich des »Arierparagraphen« und des Boykotts jüdischer Geschäfte in einem Vortrag sagte: »Nur wer für die Juden schreit, darf auch gregorianisch singen.«

Doch der überwiegende Teil der Christen in der Deutschen Reichskirche schrie eben nicht, auch viele ihrer Pfarrer nicht. Sie erhoben ihre Stimme weder für die Juden noch für die anderen Entrechteten, Deportierten und Ermordeten, nicht für Behinderte, Kranke, Alte, Sinti, Roma, Homosexuelle, Kommunisten etc.

Es gab aber, Gott sei Dank, auch andere. Die standen gegen das Gebaren »ihrer« Kirche auf und leisteten Widerstand. Mit der Einführung des Arierparagraphen in der evangelischen Kirche und der damit beabsichtigten »Entjudung« der kirchlichen Ämter manifestierte sich der innerkirchliche Kampf deutlich. Für die nun verfolgten nicht-arischen Pastoren und Amtsträger wurde der Pfarrernotbund zur Unterstützung gegründet. Und der theologische Widerstand, der sich zunächst noch an verschiedenen einzelnen Orten gebildet hatte, schloss sich schließlich als die »Bekennende Kirche« zusammen. Dietrich Bonhoeffer wurde einer ihrer maßgeblichen Akteure. Die hier vereinten Kirchenleute lehnten den Weg dieser »Vereinigten Reichskirche« rigoros ab.

Auf einer gemeinsamen Bekenntnissynode in Wuppertal-Barmen wurde 1934 ein grundlegendes Positionspapier verabschiedet, die sogenannte »Barmer Theologische Erklärung«. Im Wesentlichen geht es in dieser Schrift des Widerstands um die absolute Bindung der christlichen Kirche an Jesus Christus und an die Aussagen des Evangeliums. Und darum, dass in ihr ausschließlich der Sohn Gottes die oberste Autorität sein darf und muss.

Dietrich Bonhoeffer hatte 1933 eine Pfarrstelle in London angenommen. Doch er kam schon im April 1935 nach Deutschland zurück, weil er gebeten worden war, Direktor des Predigerseminars der Bekennenden Kirche zu werden. In Finkenwalde bei Stettin arbeitete er nun mit dem Teil des Pfarrer-Nachwuchses zusammen, der sich nicht der Reichskirche anschließen wollte. Diese intensive Zeit des Zusammenlebens mit seinen Studenten ließ Bonhoeffer viel über das Leben als christliche Gemeinschaft nachdenken. Dazu schrieb er unter anderem das Buch »Gemeinsames Leben«. Die Ausbildungsstätten der Bekennenden Kirche waren natürlich illegal, und so kam es 1937 zur endgültigen Schließung von Finkenwalde durch die Gestapo. Später wurden dann sämtliche im Untergrund fortgesetzten Seminare und Sammelvikariate des innerkirchlichen Widerstands durch die Nazis aufgelöst.

Dem Pazifisten Dietrich Bonhoeffer drohte, angesichts des bevorstehenden Krieges, wie allen Männern die Einberufung zum Dienst an der Waffe. Dem konnte er sich zunächst entziehen, indem er wieder nach New York reiste. Da seine Sicherheit in Deutschland nicht mehr gewährleistet sein würde, rieten ihm alle Nahestehenden dringend, dort zu bleiben. Doch Dietrich Bonhoeffer konnte das nicht: die Flucht ergreifen und die anderen in Hitler-Deutschland zurücklassen. Vor allem fürchtete er, damit seine Familie und seine Freunde zu gefährden. Am 26. Juli 1939 kehrte Bonhoeffer mit dem Schiff nach Deutschland zurück.

Wenige Wochen später marschierte Hitler in Polen ein, und der Zweite Weltkrieg begann. Die Bekennende Kirche hatte inzwischen deutlich an Einfluss und Kraft verloren, der theologische Nachwuchs war größtenteils zum Kriegsdienst eingezogen worden. Trotzdem blieb Pfarrer Bonhoeffer ein Mann der Opposition gegen Hitler und dessen Gräuelherrschaft. Über seinen Schwager hatte er Verbindungen ins Amt »Ausland/Abwehr« der Nazis, genauer: zu der geheimen Widerstandsgruppe, die sich in diesem Amt formiert hatte. Es gelang, Dietrich Bonhoeffer offiziell als V-Mann der Abwehr anzustellen und ihn auf diese Weise für den Krieg als »unabkömmlich« einzustufen. Begründet wurde die Einstellung nach außen damit, dass Bonhoeffer durch seine vielen Auslandskontakte den Nazis doch sehr von Nutzen sein würde. Das konnte nur funktionieren, weil das Amt für Abwehr im Jahr 1940 noch ziemlich eigenständig war. Denn Bonhoeffer war der NS-Regierung ja wegen seines Kirchenkampfes und seiner kritischen politischen Haltung zu der Zeit schon bekannt.

Auch deshalb wurde er direkt der Außenstelle der Abwehr in München zugeordnet, also weit weg von Berlin. Er bekam eine offizielle Reiseerlaubnis, um im Ausland wertvolle Informationen für Hitler sammeln zu können. Aber das war natürlich nie Bonhoeffers Absicht. Er nutzte seine vielen Kontakte konspirativ, im Dienste des Widerstands. Er setzte sich sehr für den ersehnten Frieden ein – und für die Zukunft seines Landes nach dem Ende der Nazi-Herrschaft. Doch er hatte leider wenig Erfolg. Mehr und mehr wurde auch ihm klar, dass es wohl nur einen Weg gäbe, dem Terror ein Ende zu setzen. Und das wäre ein Attentat auf Adolf Hitler, ein Tyrannenmord. Dazu aber einer der Mit-Verschwörer zu werden, war für einen tief gläubigen Mann wie Bonhoeffer eine überaus schwierige Entscheidung, mit der er sehr gerungen hat. Doch im Gebet und im Nachdenken über die relevanten theologisch-ethischen Fragen fand er schließlich die Rechtfertigung für seine Beteiligung. Er sah diesen Tyrannenmord als ein notwendiges einmaliges Töten zum Schutz vieler Leben in einer ausweglosen Situation. Selbst Hand angelegt hätte Pfarrer Bonhoeffer, das ist jedenfalls meine Vermutung, am Ende dann vielleicht doch nicht. Aber er musste das ja nicht; das versuchten vor allem am 20. Juni 1944 dann die, die nah genug an Hitler rankamen.

Am 5. April 1943 wurde Dietrich Bonhoeffer verhaftet, zusammen mit seinem Schwager und anderen Widerstandsleuten.

Man brachte ihn ins Wehrmachtsgefängnis Berlin-Tegel. Dort arbeitete der Theologe weiter an seiner Ethik und an seinem Verständnis von einer christusgemäßen und glaubwürdigen evangelischen Kirche. Zunächst hofften viele Menschen noch, wie er selbst, dass er wieder freikäme. Doch dann wurden im September 1944 in einem Geheimarchiv des Widerstands klare Beweise gegen Dietrich Bonhoeffer gefunden. Der Häftling wusste sofort, was das bedeutete. Am 8. Oktober kam er in das berüchtigte Gestapo-Gefängnis in Berlin.

Am 9. April 1945, also kurz vor Kriegsende, wurde Dietrich Bonhoeffer auf direkten Befehl Hitlers im Konzentrationslager Flossenbürg vor ein Standgericht gestellt, wegen Hochverrats zum Tode verurteilt und erhängt. Sein Leichnam wurde nie gefunden. Wahrscheinlich wurde er einfach auf einem Holzhaufen verbrannt, zusammen mit anderen Hingerichteten. Dietrich Bonhoeffer wurde nur 39 Jahre alt.

Sein Berliner Elternhaus steht heute Besuchern offen, eine Besichtigung kann ich nur wärmstens empfehlen. Pfarrer i. R. Gottfried Brezger, der dieses Haus betreut und Führungen anbietet, ist ein Quell an Fachwissen.

Mich hat Bonhoeffer schon zu Abiturzeiten beschäftigt, seinerzeit aber ausschließlich wegen seines politischen Widerstands. In meinem Studium kam er mir dann als wissenschaftlicher Theologe ganz nah, auch als Ethiker und Pfarrer. So nah, dass ich über ihn, genauer über sein Kirchenverständnis, meine Uni-Diplomarbeit im Fach Systematische Theologie schrieb.

Bonhoeffers Arbeiten, vor allem die in den letzten Jahren seines Lebens, sind leider sehr fragmentarisch. Dadurch sind viele theologische Fragen unbeantwortet geblieben – und etliche seiner Gedanken nur vorläufig formuliert. Das lässt natürlich viel Raum für Spekulationen. Auf der anderen Seite regt gerade das Fragmentarische die Leserinnen und Leser Bonhoeffers bis heute in besonderer Weise zum eigenen Weiterdenken an.

Die Kirche gehörte für Bonhoeffer seit seinem Studium zu den Kernthemen seines Denkens. Doch er hat seine Theologie zu ihr, mit seinem Erleben des Zeitgeschehens, immer wieder weiterentwickelt. Zum Ende seines Lebens kam er zu dem Schluss: »Die Kirche ist nur Kirche, wenn sie für andere da ist.«

Diesen Satz und weitergehende Gedanken schrieb Bonhoeffer 1944 nieder, in der Tegeler Haft. Nach all dem, was unter Hitler in der evangelischen Kirche passiert und erst recht durch sie geschehen war, war Bonhoeffer absolut überzeugt: Die evangelische Kirche müsste sich fundamental erneuern, und zwar sowohl bezüglich der eigenen Identität als auch hinsichtlich des von Gott gebotenen Auftrags. Bonhoeffer sah nur dann überhaupt eine Zukunft für »seine« Kirche, wenn sie auf die gleiche Weise »mittendrin« im Leben der Welt zu finden sein würde, wie Gott selbst es war, als er in seinem Sohn Jesus Christus auf unsere Erde kam. Als er im wahrsten Sinne »herab«kam, einer von uns wurde und ein menschliches Leben lebte, in einer bestimmten Zeit und in einem bestimmten sozialen Gefüge.

Jesus von Nazareth war als Mann eigentlich immer öffentlich präsent, er zog sich nur zum Gebet ab und zu zurück. Er war auf den Straßen und Wegen zu finden, nicht hinter Tempelmauern. Er ließ sich von Menschen berühren und berührte sie seinerseits. Er war ansprechbar und bereit zuzuhören, zu diskutieren und zu helfen. Jesus zeigte, dass Gott den Menschen auf Augenhöhe begegnen will. Und wie wertvoll ihm jeder und jeder Einzelne ist.

Jesus machte mit seinem Handeln ebenso deutlich, dass Gott selbst an der Seite derer steht, die von Mitmenschen oder Herrschern unterdrückt, entrechtet oder an den Rand gedrängt werden. Jesus erzählte den Leuten von diesem Gott, überall, an den Brunnen, auf den Marktplätzen, auf dem Hügel oder aus dem Boot heraus. Eben da, wo er dem Volk begegnen konnte.

Und er redete in einer Sprache, die seine Hörer auch verstanden, nicht über sie hinweg. Oftmals begann er seine Botschaft mit Beispielen oder Szenen aus dem Alltag, die alle kannten. Denn es waren ihnen vertraute Bilder aus ihrer eigenen Erfahrungswelt. Jesus wusste um sie, weil er selbst dabei war und an ihrem Leben teilnahm.

Theologen, auch Bonhoeffer, sagen, dass Jesus Christus »der Mensch für andere« war. Denn er war nicht um seiner selbst willen gekommen, sondern um für die Menschen da zu sein, um ihnen lebensdienlich zu sein – und um ihnen die Liebe Gottes zu verkündigen.

Jesus erfüllte diesen Auftrag, und gleichzeitig gab er ihn auch weiter an die Menschen, die mit ihm gingen, an seine Jüngerinnen und Jünger. Sie sollten seinem Vorbild folgen, es ihm gleichtun. Und sie sollten es nach seinem Abschied von der Erde, seiner Himmelfahrt, künftig in seinem Namen tun.

Sie müssten stellvertretend für ihn »der Mensch für andere« sein, sozusagen »seine Hände und Füße« in der Welt. Dieser Auftrag setzte sich seither fort, ging von den ersten Jüngerinnen und Jüngern zu der Folgegeneration – und dann an die nächste, die übernächste – und so weiter. Irgendwann hießen die Nachfolger Jesu dann nicht mehr Jünger, sondern »Christen«. Doch dieser göttliche Auftrag, der ist immer der Gleiche geblieben. Bis heute!

Und deshalb ist es nur folgerichtig, genau das auch von der Organisation der Christen, nämlich der Kirche, zu erwarten. Sie soll eine »Kirche für andere« sein. Vor diesem Hintergrund konstatierte Dietrich Bonhoeffer vor über siebzig Jahren im Tegeler Gefängnis: »Die Kirche ist nur Kirche, wenn sie ›für andere‹ da ist.«

Der Satz klingt ein wenig, als ginge es ihm vorrangig um eine Zentrierung der kirchlichen Arbeit auf die christliche Barmherzigkeit und die Fürsorge für Hilfsbedürftige und Notleidende, also im Grunde auf die Diakonie. Aber dies würde Dietrich Bonhoeffer nicht gerecht, denn er dachte viel weitreichender, viel existentieller. Er war überzeugt, dass die Kirche vor allem nicht länger um sich selbst kreisen dürfe, nicht mehr vorrangig um ihren Selbsterhalt kämpfen könne. Nach seiner Meinung müssten sich Christen generell, vor allem aber auch die hauptamtlichen Personen der Kirche, hineinbegeben in das gesellschaftliche Miteinander der Welt um sie herum. »Mensch für andere sein« im Sinne Jesu hieß für Pfarrer Bonhoeffer nicht, als »Gast von der Kirche« punktuell im »weltlichen« Leben mal zu erscheinen. Er sah eine »Kirche für andere« darin, dass sie eine verlässliche Mit-Akteurin mittendrin im stattfindenden Geschehen ist.

Das könnte nach meinem Verständnis heutzutage etwa heißen, als Kirchenmensch mit anderen engagierten Leuten für mehr Lebensqualität im Viertel zu sorgen. Oder auch, sich der Vertreibung von Alt-Eingesessenen aus ihren Wohnungen mit entgegenzustemmen, gegen Gentrifizierung aktiv zu werden. Das kann zum Beispiel auch heißen, gemeinsam ein Trinker-Café für die Alkoholiker an den Ecken zu erkämpfen. Oder der Nachbarin immer wieder Zeit zu schenken, um sich zum zehnten Mal die Geschichten über ihren schrecklichen Ex-Mann anzuhören. Mal bedeutet es, mit gegen »Rechts« zu marschieren. Und mal kann dieses »Mensch für andere sein« auch heißen, Frau Müller aus dem fünften Stock den Einkauf nach oben zu bringen.

»Kirche für andere sein« heißt, so verstehe ich Jesu Botschaft, und so interpretiere ich auch Bonhoeffers Ansatz, dass die Personen, die in den Kirchengemeinden sind, anhaltend in der Öffentlichkeit erkennbar und ansprechbar sind. Dass sie, so wie Jesus es war, an den »Marktplätzen« zu finden sind und an anderen Orten, wo die Menschen sind, wo das Leben stattfindet. Wie sollen wir sie sonst wirklich verstehen? Und solch treffende und verständliche Worte und Beispiele für unsere Predigt finden, wie es Jesus gelang.

Dietrich Bonhoeffer hatte auch schon einige konkrete Ideen zu dieser evangelischen »Kirche für andere«. Zunächst solle sie ihr gesamtes Eigentum bedürftigen Menschen schenken. Eine sehr radikale Forderung! Pfarrerinnen und Pfarrer sollen von freiwilligen Gaben der Gemeinden leben. Und wenn doch einmal eine bezahlte Beschäftigung nötig würde, dann sollen sie in einem »weltlichen« Beruf arbeiten. Und das nicht in erster Linie wegen der Finanzen, sondern damit allen Berufen das Evangelium bezeugt und vorgelebt werden kann.

Über diese Worte Bonhoeffers zum Pfarramt habe ich lange nachgedacht und bin, ehrlich gesagt, nur mäßig begeistert. Dabei könnte ich zur Not sogar auf einen weltlichen Beruf zurückgreifen. Ich hatte ja zunächst, wie mein Vater es immer zu sagen pflegte, etwas »Anständiges« gelernt, nämlich die Rechtspflege. Und auch wenn ich sehr froh bin, dass ich gewechselt habe, muss ich doch sagen, dass mir mein jahrelanges »weltliches« Arbeiten bis heute, auch in meinem pastoralen Dienst, sehr hilfreich ist. Es macht viele Gespräche über die Arbeitswelt wesentlich leichter und hält auch meine Verkündung bodenständig. Außerdem ist es von großem Vorteil, sich mit Gesetzen auszukennen.

Doch wieder im alten Beruf Geld zu verdienen und meinen Pfarrdienst dann nach Bonhoeffers Vorstellung zu erfüllen, das würde ich nicht wollen. Und das sage ich nicht nur deshalb, weil ich als Pfarrerin, wie die meisten meiner Kollegen, verbeamtet bin. Ich halte es schlicht mit dem Bibelwort, dass der »Arbeiter seines Lohnes wert ist« (Lukas 7, 10). Wenn ich mich auf die pastorale Arbeit im Auftrag der Kirche konzentriere – auf die aufsuchende Seelsorge, die Amtshandlungen, die Stadtteilarbeit, die Predigt und vieles mehr – und dort meine Kraft lasse, dann möchte ich dafür auch von der Kirche einen verlässlichen Lohn erhalten. Und nicht, bei aller Wertschätzung den Gebern gegenüber, von freiwilligen Spenden leben. Vielleicht fehlt mir dafür aber einfach nur ein wenig der Glaube. Dietrich Bonhoeffer selbst hatte so eine Art Pfarrer-Leben in seinem Predigerseminar in Finkenwalde ja geführt. Und er und seine Seminaristen durften die Erfahrung machen, dass es funktionierte, aber nur, weil sie genügend Unterstützung von außen bekommen hatten, glücklicherweise.

Bei aller Skepsis, eins hätte so ein Arbeiten der Pfarrer in weltlichen Berufen natürlich für sich: Nicht nur die Betroffenen selbst, sondern mit ihnen auch die Kirche als Ganzes käme in eine ungeahnte Bewegung und Beweglichkeit – und die Predigt würde höchstwahrscheinlich an manchen Orten neue Frische und mehr Lebensnähe bekommen.

Dietrich Bonhoeffer hatte in seinen Überlegungen zur »Kirche für andere« das Innenleben der Kirche im Blick, aber vor allem auch das Außenleben, genauer gesagt: die Stellung der Kirche in der Gesellschaft und ihre Glaubwürdigkeit bei den Menschen. Für Pfarrer Bonhoeffer hatte die evangelische Kirche sehr große Schuld auf sich geladen. Sie trug in seinen Augen zudem die Verantwortung dafür, dass das Evangelium von der Liebe Gottes die Welt nicht mehr erreichte. Am 18. Mai 1944 schrieb er dazu:

»Unsere Kirche, die in diesen Jahren nur um ihre Selbsterhaltung gekämpft hat, als wäre sie ein Selbstzweck, ist unfähig, Träger des versöhnenden und erlösenden Wortes für die Menschen und für die Welt zu sein. Darum müssen die früheren Worte kraftlos werden und verstummen.«

»Seiner« Kirche bliebe nur, so Bonhoeffer, erst einmal Schuld zu bekennen, Buße zu tun und zu schweigen.

Während dieser Zeit der Läuterung sollen die Christen natürlich dennoch christusgemäß handeln, aber eben im Stillen. Nicht durch ihre Reden, sondern nur durch ihr Tun würden sie zeigen können, was »Mensch für andere sein« im Sinne Jesu bedeutet.

Der in der Tegeler Haft sitzende Pfarrer kritisierte seine Kirche scharf, in mehr als einer Hinsicht. Doch er war trotz allem zuversichtlich, dass die Nazi-Zeit nicht das Ende dieser Kirche der Reformation sein würde, sondern dass es eines Tages wieder eine tragfähige und glaubwürdige evangelische Kirche geben könnte, ja, geben würde. Denn vor allem anderen glaubte Dietrich Bonhoeffer tief und fest an die Kraft und die Größe Gottes.

Diese zukünftige Kirche müsse dann allerdings, so Bonhoeffer, wenn sie wieder reden kann, eine »neue Sprache« gefunden haben, um moderne, aufgeklärte Menschen wirklich zu erreichen und mit den Wahrheiten der Bibel nachhaltig herausfordern zu können.

Bonhoeffer sprach von einer inzwischen »mündig gewordenen Welt«, die eine ihr gemäße Ansprache brauche. Die Menschen seien »religionsloser« geworden, deshalb müsse auch das Christentum »religionsloser« daherkommen, auch in seiner Sprache. Dass er nicht mehr dazu kam, seine Gedanken zu diesen Schlagwörtern auszuarbeiten, insbesondere auch zu seinem genauen Verständnis von Religion, ist sehr, sehr schade. Denn gerade das wäre bestimmt mehr als interessant für die heutige kirchliche Arbeit in einer säkularisierten Welt.

Bonhoeffer wollte ganz sicher nicht, dass die kirchliche Verkündung auf die großen Kernbegriffe wie Sünde, Buße, Vergebung, Erlösung etc. verzichten sollte oder sie zumindest mit moderneren Namen belegen müsste. Und er meinte genauso wenig, dass deren tiefe theologische Bedeutung abgeschwächt werden müsste, damit aufgeklärte Menschen sich nicht verschreckt oder kleingemacht fühlen. Pfarrer Bonhoeffer wollte aber, das formulierte er in seinen Briefen aus der Tegeler Haft, dass die tiefen Wahrheiten des Glaubens neu mit Inhalt gefüllt, sozusagen noch einmal neu geboren werden. An welche konkrete Umsetzung er dabei dachte, welche Beispiele er im Sinn hatte, wäre ebenfalls überaus spannend gewesen. Doch auch das muss leider offenbleiben.

Es ist jedoch aus meiner Sicht überaus wichtig, über solch eine »neue Sprache« auch in der heutigen EKD nachzudenken und Dietrich Bonhoeffer, natürlich aus seiner Zeit heraus, dabei mit zu hören. Denn auch heute werden die kirchlichen Worte von vielen Menschen als wirkungslos und altmodisch, streckenweise auch als unglaubwürdig wahrgenommen. Die evangelische Kirche wird als »unbedeutend« für das eigene Leben eingestuft. Letzteres hat viel mit der Sprache zu tun, mit der die Kirche auf die Leute zugeht. Es ist höchste Zeit, es wieder wie Jesus zu machen und mit gängigen Bildern anzufangen, etwa »Ein Bauer hatte zwei Söhne ...« oder »Ein Reisender geriet unter die Räuber ...«, natürlich mit Szenen aus unserer Wirklichkeit. Wovon die zukünftige protestantische Kirche auf jeden Fall sprechen müsste, benannte Bonhoeffer 1944 so: »Sie [die Kirche] wird von Maß, Echtheit, Vertrauen, Treue, Stetigkeit, Geduld, Zucht, Demut, Bescheidenheit, Genügsamkeit sprechen müssen.«

Einen weiteren wichtigen Baustein zu einer christusgemäßen und glaubwürdigen »Kirche für andere« sah Dietrich Bonhoeffer in der Redlichkeit jedes einzelnen Christen sich selbst und dem eigenen Glauben gegenüber.

Er selbst wurde schon im Elternhaus dazu erzogen, aufrichtig zu sich selbst und zu anderen zu sein, und auch dazu, eigene Haltungen immer wieder ehrlich zu hinterfragen. Das galt für ihn auch für die gelebte Beziehung zu Gott. Jeder einzelne Christ, so Bonhoeffer, und jede Christin, solle sich immer wieder prüfen, was er oder sie denn von all dem, was über Gott geschrieben steht und gelehrt wird, wirklich im Herzen glaubt. Und was eben nicht. Diese ehrliche Reflexion mahnte Bonhoeffer auch bei seinen Seminaristen an. Nicht aus Strenge, sondern aus christlicher Brüderlichkeit. Denn in der Bibel heißt es: »Dem Aufrichtigen lässt es Gott gelingen.« (Sprüche 2,7) Bonhoeffer war überzeugt davon, dass Gott mit menschlichen Zweifeln, Unsicherheiten und auch punktuellem Nicht-Glauben-Können sehr gut zurechtkommt, deutlich besser jedenfalls, als mit der geradezu beängstigend »heiligen« Frömmigkeit mancher Christen – und deren vermeintlichen Guttaten.

Vor Gott sei jeder Christ, jede Christin, verantwortlich für sich selbst, so Bonhoeffer. Was andere Menschen glauben oder was eine Kirchenleitung als Bekenntnis vertritt bzw. von ihren Leuten vertreten haben möchte, sei nicht maßgeblich. Dahinter könne sich kein Christ verstecken, genauso wenig seine eigene Untätigkeit und sein Schweigen damit entschuldigen, zum Beispiel bei der Vernichtung der Juden durch die Nazis. Jeder, so Bonhoeffer, müsse für sich allein den Weg wählen, der ihm gemäß ist, und dafür dann aber auch selbst die Verantwortung übernehmen, auch vor Gott.

Dietrich Bonhoeffers Schriften, und ganz besonders seine »Vision« einer gelebten »Kirche für andere«, haben mich seit meinem Studium gepackt und geprägt. Sie haben mein pastorales Verständnis und meinen Dienst immer mitbestimmt. In meiner Arbeit in einem speziellen Projekt eines Kirchenkreises konnte ich ganz praktisch ein Stück Bonhoeffers »Kirche für andere« mit anderen zusammen umsetzen und leben, jedenfalls so lange, wie es mir von der wenig visionären Kirchenleitung möglich gemacht wurde. In dieser Zeit hatten wir so viele gute und nachhaltige Erfahrungen gemacht, mit tollen Menschen unterschiedlichster Denk- und Glaubensweisen, mit Projekten, die wir gemeinsam auch mit kirchenfernen Aktiven im Stadtteil gemacht haben – und mit einem tollen Team engagierter Ehrenamtlicher, die selbst mitten im Leben standen und wussten, was im Kiez gerade lief. Es war eine Zeit, in der ich wie nie zuvor in meinem Dienst erlebt habe, wie ein ganzer Stadtteil zusammenhalten kann, wenn es nötig ist.

Spätestens seit diesem Erleben weiß ich eins ganz sicher: Es wäre unendlich viel möglich, wenn Bonhoeffers Ansatz einer »Kirche für andere« und sein Ruf nach einer evangelischen Kirche, als verlässliche Akteurin mittendrin im »richtigen Leben«, bei den Verantwortlichen der Kirche wirklich gewollt und vor allen Dingen beherzigt würde. Denn das könnte ich ohne Mühe glaubwürdig und lebensdienlich nennen.

Ich habe Dietrich Bonhoeffers Schriften schon so oft gelesen und dazu auch einiges theologisch erarbeitet. Und doch entdecke ich in seinen fragmentarischen Texten immer wieder Neues. Vor zwei Jahren zum Beispiel nahm ich an einem Pastoralkolleg in Berlin teil. Dort kam eine Gruppe amerikanischer Pfarrerinnen und Pfarrer mit deutschen Kolleginnen und Kollegen zusammen, um darüber nachzudenken, für welche Bereiche kirchlicher Arbeit Bonhoeffers Gedanken zur »Kirche für andere« heute relevant sein könnten. An einem Tag ging es um die Textteile zur nötigen »neuen Sprache«, besonders um eine Aussage Bonhoeffers, dass die Kirche in ihrer »Läuterungsphase« mit ihrer Verkündigung »warten« müsse, bis sie von der Welt eines Tages wieder zum Sprechen eingeladen würde. Ich hatte diese Passagen vorher bestimmt x-mal gelesen und die Kollegen sicher auch, aber dieses Mal kam ich nicht mehr von diesem Begriff des »Wartens« weg.

In meinem Kopf kam die Frage auf, ob dieses von Bonhoeffer gebotene »Warten der Kirche, bis sie von der Welt eingeladen wird« nicht in mehrfacher Hinsicht zu bedenken ist, zum Beispiel auch in Bezug auf den konkreten Umgang eines einzelnen Kirchenmenschen mit einem einzelnen nichtkirchlichen Gesprächspartner. Könnte so ein Warten, bis man eingeladen wird, von Gott, Kirche und Glauben zu sprechen, nicht auch hier angezeigt sein?

Das hat mich noch Wochen nach dem Kolleg beschäftigt, und ich kam zu dem Schluss: Ja, auf jeden Fall. Denn im Grunde hatte ich diese Erfahrung im Laufe der Jahre schon oft gemacht. Ich habe mit denen, die Gott und der Kirche fernstanden, beim Kennenlernen über alles Mögliche gesprochen, aber nicht über christliche Themen. Nicht geplant oder bewusst, es war einfach so. Wahrscheinlich deshalb, weil mir vor allem wichtig war (und ist), von meinem Gegenüber etwas zu hören und eine Beziehung zu ihm oder ihr aufzubauen. Sicher liegt meine Zurückhaltung, in Gesprächen mit den Menschen im Stadtteil gleich mit der Tür ins Haus zu fallen, auch ein Stück an einigen Erlebnissen bei missionarischen Einsätzen, damals in der Freikirche. Es ist einfach grundsätzlich für viele Leute schlimm, das Gefühl zu haben, von jemandem »eingenommen« zu werden, für was auch immer.

Zwei Beispiele: Ich bin bestimmt eine Tierfreundin, aber wenn ich von Aktivisten auf der Straße von drei Seiten angesteuert und dann zugetextet werde, damit ich am Ende eine Unterschrift für den Verein abgebe, dann wechsele ich beim nächsten Mal, wenn ich diese Leute sehe, ganz sicher die Straßenseite. Und wenn mir zu allem Überfluss dann noch zugerufen wird: »Ihnen tun die armen Tiere wohl gar nicht leid?!«, dann werde ich echt sauer. Und wenn an meiner Wohnungstür der Mitarbeiter eines Telefonanbieters steht und mein »Nein, danke!« viermal ignoriert und mich weiter penetrant anwirbt, dann mache ich ihm die Tür vor der Nase zu. Aber nicht, weil ich das gern tue, sondern weil er über meine Grenze gegangen ist und mich nötigen wollte. Jeder möchte selbst wählen können, was und wie viel er möchte. Und das umso mehr, wenn es um die Sache mit Gott und seiner Kirche geht, mit der man bisher nichts zu tun hatte, oder haben wollte.

Jesus fiel mit dem Evangelium nie mit der Tür ins Haus, das wird in der Bibel ganz deutlich. Und die Kirche tut das zum Glück ja auch eher selten.

Außerdem, so ist jedenfalls meine Erfahrung, kommt von den Leuten früher oder später sowieso die eine oder andere Frage. Viele nichtkirchliche Menschen wollten zum Beispiel irgendetwas über meinen Beruf wissen, vor allem, warum ich das mache. Oder sie fragten danach, ob ich wirklich glaube, was da in der Bibel steht. So ein offenes Interesse verstehe ich unter Bonhoeffers benannter »Einladung der Welt zum Sprechen«. Wobei ich die Menschen natürlich auch dann nicht zwei Stunden vollpredige, sondern ihnen einfach antworte. Manchmal sind es auch tiefergehende Fragen, die mir im Laufe der Zeit gestellt wurden, zum Beispiel anlässlich einer diagnostizierten schweren Erkrankung oder des Todes eines Familienmitglieds. Oder es geht um ein Anliegen aus der Familie, zum Beispiel eine Taufe. Oder der andere will einfach mal mit einer Christin über eine aktuelle Nachricht aus der »Tagesschau« reden. Das geschieht vermehrt, seitdem so viel Unfassbares geschieht. Und dann sprechen wir über ihre Frage nach Gott und über die christliche Botschaft. Aber nun fühlt sich mein Gesprächspartner nicht von mir als Kirchenfrau bedrängt, denn dieses Gespräch ging von ihm aus. Wir kennen uns in der Regel dann auch schon eine Weile.

Im damaligen Pastoralkolleg ging mir erst ein Licht auf, was diese Abläufe und das »Warten« Bonhoeffers in meinen Abläufen angeht. Natürlich hat das aber in Bezug auf mein Verhalten nicht viel geändert. Ich »warte« jetzt nicht unruhig auf diese »Einladung« oder so etwas. Warum auch, das wäre mir viel zu anstrengend. Aber wenn eine Art »Go« vom anderen kommen sollte, dann freue ich mich und gebe Auskunft. Wenn jemand ganz allgemein etwas von Gott und der Bibel hören möchte, erzähle ich meistens erst einmal etwas von Jesus. Denn ihn kennen und schätzen auch viele Nicht-Christen, sie halten ihn für einen vorbildhaften Mann der Geschichte. Und für viele Jugendliche ist er einfach ein »cooler Typ«. Er konnte schließlich Wasser zu Wein machen.

Dietrich Bonhoeffer war bestimmt kein Phantast. Er wusste, dass einige seiner Vorstellungen zur »Kirche für andere« sehr optimistisch waren, um es einmal vorsichtig auszudrücken. Er wusste auch, dass es bis zu diesem Ziel für die Kirche noch ein weiter Weg sein würde. Eberhard Bethge, sein Freund und Schüler, meldete diesbezüglich ebenfalls seine Bedenken an: »Nichts wird so schwierig sein, als die monarchischen und patriarchalischen Vormundschaftsstrukturen der Hierarchien, Theologien und wohl auch Dogmen zu überwinden.« Es steht zu befürchten, dass er damit auch heute noch recht behält.

Wenn es aber gelänge, dass die engagierten Menschen der Basis gemeinsam mit denen, die von »ihrer« Kirche enttäuscht sind, die festgelegten Strukturen aufbrechen, dann gäbe es eine echte Chance. Auch für Dietrich Bonhoeffers Hoffnungen für »seine« Kirche, die er bis zu seinem Tode nicht aufgab.

DANK

Ich danke dem Hause Ullstein, meinem Verlag, der mit seinen Mitarbeitern dieses Buch ermöglicht hat. Und der mir mit Silvie Horch eine sehr professionelle und warmherzige Lektorin an die Seite gestellt hat, die auch über viel Geduld mit ihrer Autorin verfügte. Vielen Dank, liebe Frau Horch! Ich danke auch meiner Berliner Agentin Rebekka Göpfert, die mich mit ihrer Kompetenz und ihrer Freundlichkeit so gut begleitet hat.

Ohne die Menschen in meinem persönlichen Umfeld wäre ich aufgeschmissen gewesen. Mal waren sie Probe-Leser, mal Berater, mal Schulter zum Anlehnen. Sie gaben mir erst die »Traute«, das Schreiben anzugehen – und es dann auch wirklich durchzuziehen. Sie hörten mir immer wieder zu, versorgten mich mit genügend Latte Macchiato und übten konstruktive Kritik. Und sie haben meine üble Laune bei »Schreibblockaden« ausgehalten. Ich danke euch sehr für all das – und mehr! Und ich danke Gott, auf dessen Nähe und Begleitung ich vertraue.

LITERATUR-EMPFEHLUNGEN

Die Bibel, nach der Übersetzung Martin Luthers; in der revidierten Fassung von 1984

Dietrich Bonhoeffer Werke (DBW), Band 8 (Widerstand und Ergebung, Briefe und Aufzeichnungen aus der Haft), hrsg. von Christian Gremmels u. anderen; Gütersloh 1998

Daniel Faßhauer: Kirche, Jugend, Internet. Die Landeskirche von Kurhessen-Waldeck im Netz; Kassel 2015

Im Buch benannte EKD-Veröffentlichungen, zu finden unter www.ekd.de:
- Im Alter neu werden können. Evangelische Perspektiven für Individuum, Gesellschaft und Kirche, 2009
- Gerechte Teilhabe. Befähigung zu Eigenverantwortung und Solidarität, 2006
- Es ist normal, verschieden zu sein. Inklusion leben in Kirche und Gesellschaft, 2014
- Gottes Gabe und persönliche Verantwortung. Zusammenleben in Ehe und Familie, 1997

- Soll es kirchlich geschlossene Ehen geben, die nicht zugleich Ehen im bürgerlich-rechtlichen Sinne sind? Zum evangelischen Verständnis von Ehe und Eheschließung, 2009
- Konfirmandenarbeit. 12 Thesen des Rates der Evangelischen Kirche in Deutschland, 2013 (inkl. Literaturhinweisen zur bundesweiten Studie)

Arbeitskreis Queer in Kirche und Theologie: Segen. Ritus. Kasualie – Trans*Menschen vor Gott. Ein liturgischer Baukasten, 2015 – zu finden unter www.quikt.de

Evangelische Kirche im Rheinland: Da kann ja jede(r) kommen. Inklusion und kirchliche Praxis, 2013

Evangelisch-lutherische Kirche Sachsens: Blickpunkt kirchliche Seniorenarbeit. Herausforderung für die Zukunft, 2011